Walter Späth

ACHTUNG, GELD WEG!

FAULE INVESTMENTS, ANLAGEBETRUG UND FINANZKRISEN

Bibliografische Information der Deutschen Nationalbibliothek
Die Deutsche Nationalbibliothek verzeichnet diese Publikation in der Deutschen National-bibliografie; detaillierte bibliografische Daten sind im Internet über http://dnb.de abrufbar.

Wir sind ein relativ junger Verlag und sehr dankbar für jede Art von Feedback. Sollten Sie daher Anregungen oder Fragen haben, würden wir uns sehr freuen, von Ihnen zu lesen.
info@cherrymedia.de

Neuauflage

Alle Rechte, insbesondere Verwertung und Vertrieb der Texte, Tabellen und Grafiken, vorbehalten.
Copyright © 2021 by Cherry Media

Softcover: 978-3-96583-456-9
Hardcover: 978-3-96583-457-6
Ebook: 978-3-96583-458-3

Redaktion: Felix Seifert
Lektorat: Matthias Kramer
Druck/Auslieferung: WirMachenDruck/Runge Verlagsauslieferung
Satz: Wolkenart - Marie-Katharina Becker, www.wolkenart.com

Impressum:
Cherry Media GmbH
Bräugasse 9
94469 Deggendorf
Deutschland

Weitere Informationen zum Verlag finden Sie unter:
www.cherrymedia.de

Wir wünschen viel Vergnügen beim Lesen!

Walter Späth

ACHTUNG, GELD WEG!

FAULE INVESTMENTS, ANLAGEBETRUG UND FINANZKRISEN

Kostenfreies eBook & Hörbuch inklusive

Beim Kauf jedes Taschenbuches von Cherry Media ist das eBook, spannende Bonusinhalte sowie das Hörbuch kostenfrei für Sie inkludiert. Gehen Sie dazu einfach auf

https://link.cherrymedia.de/EPUB

oder scannen Sie den abgebildeten QR Code. Auf der Website können Sie dann Ihren einmalig gültigen Zugangscode eingeben.

Den Zugangscode zu Ihrem kostenfreien eBook, Hörbuch und zu den Bonusinhalten finden Sie auf der Seite: 207.

Wir wünschen viel Freude mit Ihren kostenfreien Inhalten!

Haben Sie Fragen zu Ihrem eBook? Wir sind gerne für Sie da!
Sie erreichen Sie uns unter info@cherrymedia.de

Inhalt

Vorwort 11

1 Der Friedhof der Milliarden 13

1.1 Die Insolvenz von Lehman Brothers: Als die Welt
am Abgrund stand 13

1.2 Betrug aus dem Briefkasten & Organisierte Kriminalität .. 28

1.3 Vernichtende Bilanz mit Anleihen 43

1.4 Der „goldene" Betrug: BWF-Stiftung & Co. 56

1.5 Aber der Schneeball, der rollt ... Ponzi, Madoff & Co. 64

1.6 Der Wirecard-Skandal: Armutszeugnis für den
Anlegerschutz in Deutschland 69

1.7 Die neue Dimension des Kapitalanlagebetrugs
mit ICOs und Co. 91

1.8 CFDs: Achtung, auch hier ist das Geld oft weg! 99

1.9 Anlagen genau prüfen, weitere Verluste vermeiden 111

2 Faule Investments, Anlagebetrug und neue Finanzkrise: Was muss sich ändern? Wie können Sie sich selber schützen? 120

    2.1 Unaufgeklärte Anleger, Ihre Rente ist nicht mehr sicher. . . 120

    2.2 BaFin als „zahnloser Tiger", bequeme und überforderte Staatsanwaltschaften 124

    2.3 Corona & Co. lassen grüßen: Droht eine neue Finanzkrise? 133

    2.4 Vorsicht vor Sparbuch und Lebensversicherungen. 136

    2.5 Immobilien: Ja, aber Vorsicht vor „Schrottimmobilien"! . . 155

    2.6 Engagieren Sie einen Vermögensverwalter, einen Schimpansen, einen Roboter … oder: ETFs & Co. 168

    2.7 Der kometenhafte Aufstieg, Absturz und die „Wiederauferstehung" des Bitcoin: Investieren in Kryptowährungen? 180

    2.8 Rettungsanker Gold 186

    2.9 Die „10 Gebote" der Kapitalanlage und des Kapitalanlegerschutzes 193

Schlusswort 202
Danksagung 205

Vorwort

Liebe Anlegerin, lieber Anleger, liebe Leserin, lieber Leser,

gerade in der heutigen Zeit der langjährigen Niedrigzinsphase ist Geldanlage besonders schwierig und es besteht die große Gefahr, dass Sie Ihr Geld letztendlich mit einer schlechten Kapitalanlage, bei einem Anlagebetrugsmodell oder sogar in einer eventuellen neuen Finanzkrise verlieren.

Schon heute verlieren deutsche Anleger(-innen) jedes Jahr auf dem sog. „Grauen" -also dem zwar legalen, aber unregulierten- Kapitalmarkt, auf dem viele unseriöse Anbieter tätig sind, mehrere Milliarden Euro. Davon könnten auch Sie selber betroffen sein, denn jeder legt früher oder später sein Geld an, um Rendite zu erzielen, zur späteren Altersvorsorge etc.
Aber nicht nur durch schlechte Kapitalanlagen und Anlagebetrug können Sie Ihr Geld verlieren, sondern auch z. B. durch große Finanzkrisen.
Die Finanzkrise aus dem Jahr 2008, ausgelöst durch die Lehman-Pleite, habe ich leider hautnah mitbekommen, denn wir hatten hunderte geschädigte deutsche Lehman-Anleger vor Gerichten in der ganzen Bundesrepublik vertreten. Auch gegenwärtig könnte durch die bereits länger bestehenden Probleme im Weltfinanzsystem, die durch die Corona-Krise verstärkt werden, wieder eine neue Finanzkrise drohen. Hiervon besonders betroffen: deutsche Sparer(-innen) und Anleger(-innen).
Auch hiervor möchte ich Sie warnen und Ihnen einige Tipps geben,

wie Sie diese unsicheren Zeiten möglichst ohne große Blessuren und Verluste überstehen können.

Die Gefahren, Ihr Geld auf dem (grauen) Kapitalmarkt zu verlieren, sind für Sie heute sogar noch größer als vor einigen Jahren, wie wir anschließend noch sehen werden.
Ich hoffe daher, dass Sie in Zukunft vor schlechten Anlageprodukten, Anlagebetrügereien und Verlusten mit Ihrer Kapitalanlage verschont bleiben und dass Ihnen dieses Buch hierzu ein wenig nützlich ist, ebenso dabei, Ihr bereits mit einer Kapitalanlage verloren geglaubtes Geld ggf. mit juristischer Hilfe wieder zurückzugewinnen.
Anzubieten habe ich über 18 Jahre Erfahrung als selbständiger Rechtsanwalt und Fachanwalt für Bank- und Kapitalmarktrecht in eigener Kanzlei in Berlin, in der wir inzwischen mehrere tausend Gerichts-Verfahren für geschädigte Anleger gegen z. B. diverse Banken oder auch teils „harte" Gegner aus dem sog. „Grauen Kapitalmarkt" geführt haben – und das oftmals sehr erfolgreich.

Eigentlich wollte ich dieses Buch, liebe Leserinnen und Leser, schon vor ca. 5 Jahren zu Ende schreiben, aber die Motivation im Arbeitsalltag mit meiner eigenen Rechtsanwaltskanzlei in Berlin ließ leider dann doch nach. Das damalige Manuskript verschwand in der „Schublade."
Einige noch vor wenigen Jahren von mir für unvorstellbar gehaltene Anlagebetrugsskandale haben mich schließlich dazu bewogen, dieses Buch doch noch zu Ende zu schreiben, und auch die kapitalmarkt(-rechtlichen) Auswirkungen der Corona-Krise sind es wert, kurz erwähnt zu werden: Jetzt ist der richtige Zeitpunkt für das Buch.
Ich wünsche Ihnen viel Spaß beim Lesen und hoffe, dass die Lektüre für Sie nützlich und informativ ist.

1 Der Friedhof der Milliarden

1.1 Die Insolvenz von Lehman Brothers: Als die Welt am Abgrund stand

Der Master ...

„Einem Investor, der auf fallende Lehman-Kurse setzt, will ich das Herz heraus reißen und es vor seinen Augen essen, während er noch lebt."[1] *(Richard Fuld, Ex-CEO von Lehman Brothers)*

Keine Frage, das waren durchaus recht kernige Worte, aber er konnte sich das ja erlauben:
Er war ja einer dieser „Masters of the Universe" der Wall Street, der durch seinen großen Ehrgeiz und hohe Risikobereitschaft sehr weit nach oben gekommen war.
Ende der 60er Jahre fing er als Wertpapierhändler an, nun war er schon 15 Jahre lang der CEO der Investmentbank Lehman Brothers, der „Chief Executive Officer," also der Vorstandsvorsitzende. Jahrelang wurde er fürstlich für seinen Job entlohnt: Seine Vergütungen bei Lehman Brothers sollen bis zu mehreren hundert Millionen Dollar betragen haben.[2]
Mitarbeiter brüllte er an und stauchte sie zusammen, weshalb er in der Firma den Spitznamen „der Gorilla" bekam, eine Auszeichnung, die ihm offensichtlich derart schmeichelte, dass er angeblich ein ausgestopftes Exemplar eines Gorillas in seinem Büro ausstellen ließ[3].

Und er hatte ja recht: Das Geschäft lief wie verrückt. Alle Investmentbanken, inkl. Lehman Brothers, machten immer höhere Rekordgewinne...
Kein Zweifel, Richard Fuld hatte ein unerschütterliches Selbstvertrauen.

Eine große Motivation für Fuld: Lehman Brothers sollte endlich wieder den großen Konkurrenten einholen – Goldman Sachs...

Subprime, Subprime ... Haus ... Du bist mein

Es war die Zeit, als sich in den USA die Kreditvergabe an finanzschwache Personen zum großen Geschäftsmodell entwickelte. Gefördert von der Politik, sollte jeder US-Amerikaner seinen Traum vom Eigenheim verwirklichen können.
„Subprime" war das Stichwort, was so viel bedeutete wie „unter dem Durchschnitt".
Während „prime" also so viel wie Spitzenklasse bedeutete, bedeutete „Subprime" so viel wie „unter dem Durchschnitt" – eher „weit unter dem Durchschnitt". Im Klartext bedeutete das also, dass die Kredite dieser Personen/Kreditnehmer ausfallgefährdet waren.
Es handelte sich also oftmals um potenzielle Kreditnehmer, die kein Einkommen, keine Ausbildung oder kein „gar nichts" hatten.

„Ninja"-Kredite nannte man diese Kredite im Fachjargon für: „No income, no job, no asset".
Und während der Markt für Subprime-Kredite auf dem US-Häusermarkt in den 1990er Jahren noch ein Volumen von rund 30 Mrd. Dollar hatte, so wuchs er bis 2005, also ca. 3 Jahre vor dem Bankrott von

Lehman Brothers und der weltweiten Finanzkrise, bereits auf ein Volumen von 625 Milliarden Dollar an.[4]

Musste das ein Problem sein? Nicht unbedingt, wenn der Wert der Immobilien, wovon die meisten Fachleute vor der Finanzkrise ausgingen, in den nächsten Jahren deutlich steigen würde.
Und während die Immobilienpreise in den USA in den Jahren 1982-1994 lediglich moderat gestiegen waren, stiegen sie in den Jahren 2002-2006 schon mit teils zweistelligen Raten pro Jahr.

Diagramm: Anstieg der US-Immobilienpreise 1988-2006

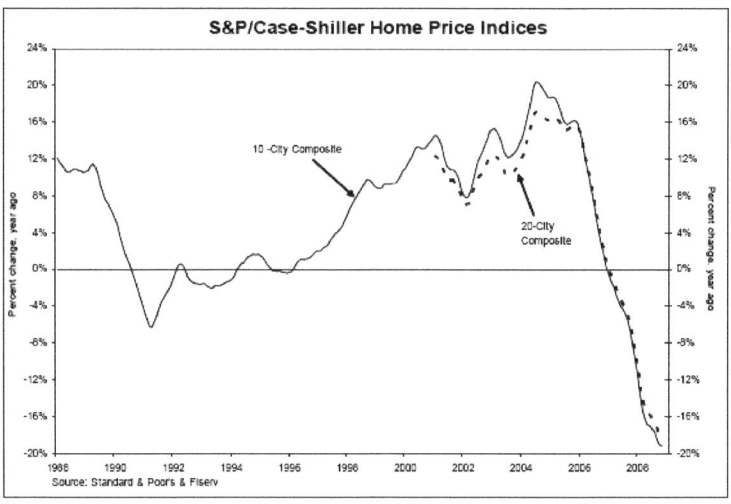

Quelle: Standard & Poor´s & Fiserv, S & P/Case-Shiller Home Price Indices, URL: http://www.boersennotizbuch.de/caseshiller-home-price-index-der-verfall-der-preise-am-us-immobilienmarkt-haelt-bis-november-2008-an.php, abgerufen am 20.11.2020

Man rechnete auch in Zukunft mit weiteren deutlichen Preissteigerungen: Es warteten noch viele US-Amerikaner darauf, in ihre eigenen Häuser gebracht zu werden, die Nachfrage sollte also weiter steigen.

Viele Banken schöpften aus dem Vollen und auch die Darlehensvermittler waren hochmotiviert bei der Vermittlung von Krediten an einkommensschwache Haushalte und Personen: Für die Kreditvermittlung kassierten sie hohe Provisionen, ob diese Kredite dann letztendlich zurück bezahlt wurden oder die monatlichen Darlehensraten bedient wurden, konnte ihnen ja egal sein, denn ihre üppigen Provision waren bis dahin schon längst verdient.
Die US-Hypotheken-Banken hatten nun natürlich die Kredite in den eigenen Büchern.
Bis man auf eine glorreiche Idee kam: Die Banken verpackten diese Hypothekendarlehen einfach in Form von Wertpapieren und verkauften sie weltweit an Anleger(-innen) und institutionelle Investoren.

Die Investoren erwarben mit diesen Wertpapieren Ansprüche auf die Zins- und Tilgungsleistungen der Darlehensnehmer, aber auch nicht mehr, denn sie erwarben damit keine direkten Ansprüche gegen die Bank.

Die Idee war genial: Der Vertrieb konnte hohe Provisionen durch die Vermittlung von Hypothekendarlehen an sozial schwache Darlehensnehmer verdienen (von denen viele unter normalen Bedingungen niemals ein Darlehen erhalten hätten), die US-Hypotheken-Banken hatten die Risiken aus ihren Büchern heraus – und sie konnten sogar noch hohe Gebühren einstreichen, indem sie die Hypothekendarlehen in Form von Wertpapieren verpackten und immer wieder Gebühren für Bonitätsprüfungen, Kreditvermittlung, Beratung, Strukturierung etc. anfielen.

Es entstand eine Kette von ineinander verschachtelten Ansprüchen, die häufig nicht einmal der cleverste Investmentbanker durchschaute. Und wenn es schief ging, das heißt, wenn die Darlehensnehmer ihre Darlehensraten nicht mehr bedienen konnten? Dann hatten das Risiko nun zum Großteil andere, vor allem ausländische Banken und Anleger(-innen).

... trifft auf seinen Widersacher

Allerdings begannen ab 2007 die überhitzten Immobilienpreise zu fallen und einige Banken bekamen ernsthafte Probleme.

In den USA waren die Hypothekenzinsen inzwischen wieder angestiegen, womit viele Hauskäufer letztendlich deutlich höhere Zinsen auf ihre Darlehen zahlen mussten, weil oftmals keine feste Zinsbindung vereinbart war. Somit konnten viele Hauskäufer und Darlehensnehmer ihre Raten nicht mehr bedienen.

Und auch Dick Fuld dämmerte allmählich: Auch Lehman Brothers drohten Probleme, Abschreibungen in Milliarden-Dollar-Höhe ...

Henry „Hank" Paulson:
Henry, ein studierter Harvard MBA, arbeitete zunächst beim Verteidigungsministerium der USA, um dann im Jahr 1974 zur Investmentbank Goldman Sachs zu wechseln, wo er sehr reich wurde.
Im Mai 2006 ernannte ihn Präsident George W. Bush zum neuen Finanzminister.

Fotos von Henry Paulson und Richard Fuld

Quelle Foto Henry Paulson: https://en.wikipedia.org/wiki/File:Henry_M._Paulson,_Jr.jpg
Quelle Foto Richard Fuld: World Resources Institute Staff - https://www.flickr.com/photos/wricontest/369118382/, CC BY 2.0, https://commons.wikimedia.org/w/index.php?curid=5044796, beide Fotos abgerufen am 20.11.2020

Und die große Investmentbank Goldman Sachs ist zumindest nicht unumstritten, sondern hat den Ruf, hier oftmals besonders „gewieft" vorzugehen. Sie soll sogar schon Griechenland beim EU-Eintritt mit Finanztricks geholfen haben, seine Staatsschulden zu verschleiern.[5] Eine gute Verbindung zwischen Goldman Sachs und der Politik – übrigens nicht nur der US-Politik, sondern auch in Deutschland – ist auf jeden Fall vorhanden.

In den USA funktioniert der „Drehtüreffekt" zwischen Wirtschaft und Politik sehr gut und oftmals wechseln ehemalige Mitarbeiter von Goldman-Sachs in die Politik: Neben dem bereits oben erwähnten

Henry Paulson, der ab 2006 US-Finanzminister war, gibt es noch einige andere Beispiele:

Paul Achleitner, Aufsichtsratsvorsitzender der Deutschen Bank.
Auch der damalige Chef der Europäischen Zentralbank (EZB), Mario Draghi, der uns in Europa die langjährige Niedrigzinsperiode beschert hatte, arbeitete einige Jahre für Goldman Sachs.
Zumindest ist die Verbindung zwischen Goldman Sachs und der amerikanischen Politik sehr gut.
Nun also entschied Henry „Hank" Paulson über das Schicksal von Lehman Brothers.

10. September 2008: Der Untergang von Lehman Brothers

Es half letztendlich alles nichts: Alle verzweifelten Versuche von Richard Fuld und anderen, Lehman Brothers zu retten, waren letztendlich ergebnislos, eine Übernahme durch die britische Barclays Bank scheiterte in letzter Minute.
10. September 2008: Richard Fuld muss einen Milliardenverlust von Lehman Brothers alleine für das dritte Quartal ankündigen.
Henry Paulsen entschied schließlich im September 2008 nach einer langen Konferenz mit Wall-Street-Größen und diversen Spitzenpolitikern, Lehman Brothers, anders als Bear Stearns, nicht mit Steuergeldern zu retten. Damit war das Schicksal von Lehman Brothers, einer der größten Investmentbanken weltweit, die vor mehr als 150 Jahren von deutschen Einwanderern gegründet worden und die noch sieben Monate zuvor 42 Mrd. Dollar wert gewesen war[6], besiegelt.
Lehman Brothers musste am 15.09.2008 Insolvenz anmelden.
Richard Fuld, der CEO von Lehman Brothers, wurde zum US-Gesicht

der Finanzkrise, er wurde vom Inbegriff von Gier, Exzessivität, Verantwortungslosigkeit, Uneinsichtigkeit…
Es war die Zeit, als die Bilder von Lehman-Bankern in Maßanzügen, die mit Kartons vor der Lehman-Zentrale in New York standen, weil sie plötzlich arbeitslos geworden waren, um die Welt gingen.

Und während durch die US-Hypothekenkrise viele Leute (Darlehensnehmer und Anleger) zwar sehr viel Geld verloren, wurden einige wenige sehr reich dabei, indem sie „short" auf Lehman Brothers gingen: Auch David Einhorn – den Richard Fuld wohl vor allem mit seinem obigen Zitat meinte – hatte „gut lachen": Der leidenschaftliche Pokerspieler ging mit seinem Hedgefonds „Einhorn Capital" massiv „short", setzte also auf sinkende Kurse bei Lehman Brothers und machte satten Gewinn – mit jedem Dollar, den der Lehman-Kurs fiel, soll er eine Million Dollar reicher geworden sein.[7]

Der Tsunami erreicht Deutschland: Hohe Verluste für ca. 50.000 „A & D"-Anleger

Kurz nachdem am 15.09.2008 über die Bildschirme die Meldung flackerte „Lehman Brothers bunkrupt", wurde das Ausmaß der Katastrophe auch in Deutschland schnell deutlich.
Ich kann mich noch gut daran erinnern, wie mich am Tag der Lehman-Pleite die ersten Anrufe verzweifelter deutscher Anleger(innen) erreichten, die mir mitteilten, dass sie ihr Geld in Lehman-Zertifikaten angelegt hätten. Es würden noch hunderte weitere Anrufe folgen …
Wie sich schnell heraus stellte, hatten bis zu 50.000 deutsche Anleger(-innen) einen Betrag zwischen 500 Millionen und einer Milliarde Euro in die Zertifikate von Lehman Brothers investiert, bei denen nun

ein Totalverlust drohte. Der durchschnittliche Schaden des/der einzelnen Anlegers(-in) dürfte sich auf ca. 15.000-20.000 Euro belaufen haben.[8]

Verkauft wurden die Lehman-Zertifikate diesen Anleger(-inne)n vor allem von deutschen Banken wie der damaligen Dresdner Bank, Sparkassen wie der Hamburger Sparkasse, Postbank, Citibank und anderen Banken, und zwar schwerpunktmäßig, wie sich heraus stellte, an sog. „A & D"-Anleger (= „Alt und doof" Anleger), das bedeutet, Anleger(-innen), die teilweise schon betagt waren, meistens eine sichere Anlage zur Altersvorsorge suchten und oftmals in Geldanlagedingen unerfahren waren und sich somit als willkommene Opfer für die Bankberater herausstellten, denn Schätzungen zufolge waren die Anleger(-innen), die ihr Geld in Lehman-Zertifikaten anlegten, 60 Jahre und älter.[9]

Zu Gute kam den Vermittlern beim Verkauf an die Anleger(-innen), dass die Lehman-Zertifikate gute Bewertungen von Rating-Agenturen erhalten hatten.
Auch Lehman Brothers wurde von den großen US-Rating-Agenturen bewertet und zwar durchaus bis wenige Monate vor der Insolvenz mit guten bis sehr guten Noten.
Bei allen 3 Rating-Agenturen, die die positiven Bewertungen ausgestellt hatten, handelte es sich um US-Rating-Agenturen, selbst private Unternehmen, die nicht von einer unabhängigen Instanz, sondern von den bewerteten Unternehmen selbst bezahlt werden.
Sie werden es sich vermutlich zweimal überlegt haben, bevor sie einen sehr gut zahlenden Großkunden wie Lehman Brothers durch eine negative Bewertung verprellten und dann möglicherweise verloren hätten.

Erst durch diese äußerst positiven Bewertungen der Rating-Agenturen konnten die Investmentbanken sich den Anstrich der Seriosität verpassen und ihre Produkte im großen Stil verkaufen, denn viele Anleger(-innen) ließen sich nicht zuletzt aufgrund der bis zum Schluss guten Ratings von ihrem Bankberater davon überzeugen, Zertifikate von Lehman Brothers zu kaufen

Wo „sicher" drauf steht, ist in Wirklichkeit Lehman drinnen

Wie sich heraus stellte, wurden viele Anleger(-innen) von ihrem jeweiligen Bankberater nicht richtig aufgeklärt, teilweise wurde Anlegern von ihrem Berater mitgeteilt, dass sie ihr Geld in „besseres Festgeld" investiert hätten, also so gut wie kein Risiko bestehen würde, viele Anleger(-innen) wurden nicht informiert über das sog. „Emittentenrisiko". Das heißt, dass ihr Geld „weg" wäre, wenn Lehman Brothers in die Insolvenz gehen würde.
Manche(r) Anleger(in) wurde regelrecht aus seiner sicheren Sparbuchanlage hinaus und in die riskanten Lehman-Zertifikate „hinein" beraten, ein Unding, denn die Lehman-Zertifikate unterlagen als Inhaberschuldverschreibungen selbstverständlich nicht der Einlagensicherung.

In einem Fall wurde ein Lehman-Brothers-Zertifikat ausdrücklich als „Dresdner Bonus Express Zertifikat III" bezeichnet. In einem anderen Fall wurde den Anlegern im Verkaufsflyer sogar manchmal „100 % Kapitalschutz" versprochen.
Kein Wunder, dass diverse Betroffene uns davon berichteten, dass sie nicht auf die Idee gekommen waren, dass Lehman Brothers die Emittentin war.

Diverse Lehman-Anleger(-innen) drohten ihre gesamte Altersvorsorge und ihre gesamten Ersparnisse zu verlieren.

Gerichtsverfahren zeigen: Viele Lehman-Anleger bekommen Geld zurück

Die Klagewelle in Sachen Lehman-Zertifikate gegen die deutschen Banken, die sie vermittelt hatten, lief an (einige Banken, wie z. B. die Hamburger Sparkasse, hatten Anlegern bereits außergerichtliche Vergleiche angeboten).
Es stellte sich schnell heraus, dass viele Anleger(-innen) nicht über die erheblichen Risiken der Lehman-Zertifikate von ihrem Bankberater aufgeklärt wurden und mancher Vermittler selber nicht wusste, was er da für Geldanlageprodukte verkaufte.
Es gab letztendlich verschiedene Ansatzpunkte, wie die Anleger(-innen) zu ihrem Recht und somit Geld kommen konnten und wie die vermittelnden Banken wegen Falschberatung auf Schadensersatz haften mussten, denn der Bundesgerichtshof (BGH) hatte bereits in seiner Bond-Entscheidung vom 06.07.1993 mit dem Az. XI ZR 12/93 entschieden, dass der/die Anleger(-in) anleger- und objektgerecht beraten werden muss:
Die/Der Anlageberater(-in) oder -vermittler(-in) muss dem Kunden also diejenigen Informationen geben, die erforderlich sind, um die Empfehlung gemäß seinem Anlageziel und seiner Risikobereitschaft beurteilen zu können. Außerdem muss der Anlageberater eine eigene „Plausibilitätsprüfung" durchführen.
Bei vielen Lehman-Zertifikaten (oder auch Zertifikaten anderer Emittenten) zeigte sich, dass es sich wirklich um sehr komplexe und schwierig zu verstehende Geldanlageprodukte handelte. Oder wissen Sie, wie Alpha-Express-Zertifikate funktionieren?

Diese Alpha-Express-Zertifikate waren teilweise an die Entwicklung 3 verschiedener Aktien-Indizes gekoppelt und es durfte teilweise von keinem Aktienindex eine bestimmte Kursschwelle während der Laufzeit überschritten oder unterschritten werden.
Keine Frage: Genauso hätte man teilweise darauf wetten können, dass „das Wetter sich ändert oder dass es bleibt, wie es ist."
In vielen Fällen wurden auch die Bankberater selber nicht ausreichend geschult, um die Lehman-Zertifikate mit klarer Darstellung der Chancen und Risiken verkaufen zu können. Auch zeigte sich, dass der Verkaufsdruck der jeweiligen Bankberater teilweise sehr hoch war, ihre Umsatzzahlen zu erreichen, weshalb einige die Risiken bewusst oder unbewusst ausgeblendet hatten, als sie sie verkauft hatten.

Ein beliebtes Spiel einiger Banken oder Bankberater war es auch, den Kunden von sicheren Anlagen, wie z. B. Festgeldanlagen, in die Lehman-Zertifikate „hinein zu beraten" und dann aber mitzuteilen, dass der Kunde unterzeichnen müsse, dass er die Zertifikate selber auf seinen ausdrücklichen eigenen Wunsch kaufen wollte. „Kauf auf ausdrücklichen Kundenwunsch" war dann teilweise in den Beratungsprotokollen plötzlich angekreuzt, obwohl vielen Anlegern die Lehman-Zertifikate vorher völlig unbekannt waren.

Immerhin: Für den Großteil der Anleger(-innen) liefen die Klagen gegen die Banken gut, den „Auftakt" machte das Landgericht Potsdam, in dem unsere damalige Kanzlei in einem ersten Urteil in Deutschland vom 24.06.2009 (Az. 8 O 61/09) gegen die erste Bank Schadensersatz in vollem Umfang in Höhe von 38.000,- € wegen einer „7,5 % Real Estate Garant-Anleihe" von Lehman Brothers erstritt, unter anderem wegen der fehlenden Einlagensicherung, auf die nicht hingewiesen wurde, aber auch z. B. wegen des im Verkaufsprospekt enthaltenen Satzes: „100-prozentiger Kapitalschutz bis zum Laufzeitende".

Dann ging es weiter Schlag auf Schlag, der Großteil der Fälle der ca. 400 Anleger, die wir betreuten, wurde verglichen, zwei Fälle leider verloren (beide ärgern mich noch maßlos, weil der eine Fall in der 1. Instanz hätte verglichen werden können, der 2. Fall sogar in der 1. Instanz gewonnen wurde), ein Fall wurde von unserer Kanzlei auch vor dem Kammergericht Berlin rechtskräftig für die dortige Anlegerin, eine Rentnerin, gewonnen, weil das Berliner Kammergericht der überzeugenden Ansicht war, dass die von uns vertretene Anlegerin eine sichere Anlage wünschte und die Lehman-Zertifikate nicht zu ihrer Risikoneigung passten.

Hinzu kam, dass die Insolvenzquote doch höher ausfiel, als ursprünglich gedacht.
Ging man ursprünglich nur von 0-5 % Insolvenzquote aus, so stellte sich am Ende heraus, dass diese doch für die deutschen Zertifikate-Inhaber bei teilweise über 40 % lag.[10]
Viele deutsche Lehman-Anleger kamen somit zum Glück doch „glimpflich" davon.

Fazit: Die Lehman-Insolvenz hatte nicht nur zu einer neuen weltweiten Finanzkrise geführt, die zu zahlreichen Insolvenzen, Einbrüchen bei der Wirtschaft und hoher Arbeitslosigkeit geführt hatte, sondern sie hatte auch etlichen Anlegern/Anlegerinnen, die ihr Geld in Lehman-Zertifikaten angelegt hatten, hohe Verluste beschert und auch gezeigt, dass Zertifikate – wie die von Lehman Brothers – keine sicheren Geldanlageprodukte sind, sondern oftmals hochkomplexe und riskante

Finanzprodukte, die für den normalen Anleger/die normale Anlegerin oftmals nur schwer zu durchschauen sind.

Praxistipp:

- Ein Zertifikat ist letztendlich eine Schuldverschreibung, die von einem Emittenten ausgegeben wird und teilweise an Privatanleger verkauft wird, wobei die Wertentwicklung von der anderer Finanzprodukte abhängt, z. B. Aktien, Währungen, Rohstoffe etc. Sie als Anleger(-in) leihen dem Anbieter also mit einem Zertifikat Geld zur Refinanzierung, wofür Sie von diesem Anbieter ein Zahlungsversprechen erhalten.
- Bei Zertifikaten handelt es sich also nicht um Sachwerte, sondern letztendlich um Geldforderungen.
- Es gibt verschiedene Arten von Zertifikaten wie Index-Zertifikate, Discount-Zertifikate, Bonus-Zertifikate, Hebelzertifikate und die oben erwähnten Alpha-Express-Zertifikate, die alle an verschiedene Bedingungen geknüpft sind und bei denen Sie sich als Anleger(-in) genau ansehen müssen, wie sie funktionieren.
- Oftmals ist für die normale Anlegerin/den normalen Anleger völlig intransparent, welche Ereignisse z. B. bei den Basiswerten der Zertifikate zu Gewinnen oder Verlusten für den Anleger führen.
- Beachten sollten Sie auch, dass Zertifikate oftmals mit relativ hohen Gebühren und teilweise auch versteckten Kosten verbunden sind, wie Ordergebühren, Ausgabeaufschlag (oftmals zwischen 1,0-3,0 %) Management- oder Verwaltungsgebühr (oftmals zwischen 0,5-1,5 % pro Jahr), Innenprovision (hier erhalten teilweise die Vertriebspartner für die Vermittlung eine Provision zwischen 1,0-3,0 %) etc. Beachten Sie immer: Dieses Geld für die

Gebühren und versteckten Kosten fließt letztendlich nicht in die Anlage, sondern ist sofort „weg".
Teilweise können Sie die Kosten erfahren, indem Sie die Verkaufsbroschüren des jeweiligen Zertifikats durchlesen.
- Ein Zertifikat kann beim Ausfall des Emittenten, also einer Insolvenz, wertlos werden, denn Zertifikate unterliegen nicht der Einlagensicherung. Und Sie können schlimmstenfalls Ihr ganzes Geld verlieren – es droht somit der Totalverlust (vorbehaltlich der Insolvenzquote).
- Beachten sollten Sie auch, dass dies im Übrigen auch für Kapitalschutz- oder Garantiezertifikate gilt, bei denen Ihnen versprochen wird, dass Ihnen Ihr angelegtes Geld zum Ende der Laufzeit zu 100 % wieder zurückgezahlt wird, denn auch hier ist Ihr Geld oftmals „weg", wenn der Emittent in die Insolvenz geht.

Auf jeden Fall sollten Sie sich immer darüber bewusst sein, dass Zertifikate hochkomplexe Finanzprodukte sind, die nur für erfahrene Anleger(-innen) geeignet sind, die genau wissen, wie das jeweilige Zertifikat konstruiert ist und wie es funktioniert. Für den normalen Anleger/die normale Anlegerin lautet mein Rat: Finger weg von Zertifikaten. Investieren Sie nur in Anlageprodukte, die Sie verstehen.

1.2 Betrug aus dem Briefkasten & Organisierte Kriminalität

„Ihr Geld ist bei uns 100%ig sicher durch die EU-Einlagensicherung"
(Versprechen des Betrugsunternehmens Investfinans AB)

Zurzeit werden Anleger(-innen) in verstärktem Umfang mit Anlagen um ihr Geld gebracht, die zwar keine besonders hohe Rendite versprechen (was bei vielen Anlegern zurecht Misstrauen auslöst), die aber vermeintlich sicher sein sollen, am besten sogar „einlagengeschützt".
Passiert in den Fällen der „Briefkastenunternehmen" MDM Group AG/Investfinans AB, die in den Jahren 2017 bis 2019 ihr „Unwesen" trieben. Beide Unternehmen hatten Gelder mit nichts als „heißer Luft" eingesammelt und vermutlich mehrere tausend Anleger(-innen) um einen hohen Millionenbetrag geprellt.[11]

Im „Auge des Betrugs": Im Boilerroom

Jens Müller ist hoch motiviert: Er sitzt mit einigen weiteren jungen Männern und Frauen in einem großen Raum zusammen, einem sog. „Boilerroom". Im Minutentakt wird hier telefoniert mit potenziellen Anlegern(-innen). Müller hatte heute schon etliche Personen angerufen, um sie von dem sagenhaften Investment zu überzeugen. Es ist sein hundertster Anleger, mit dem er gleich telefoniert.

„Herr Meier, hier spricht nochmals der Chefanalyst von Investfinans, Dr. Silberman. Sie wissen ja: Wir zahlen Ihnen nicht nur gute Zinsen, sondern Ihr Geld ist bei uns auch wirklich 100%ig sicher angelegt.

Die schwedische Einlagensicherung ist über jeden Zweifel erhaben. Es kann hier gar nichts passieren. Ihre monatlichen Zinsen haben Sie doch erhalten, oder? Sie sehen also: Wie halten Wort. Wollen Sie nicht nochmals etwas Geld investieren?"

„Ja, Herr Dr. Zilberman, vielen Dank für Ihren guten Ratschlag. Sie haben recht. Ich überweise nochmals 100.000,- €."

Jens Müller ist zufrieden: Er hat heute Anlegergelder von mehreren hunderttausend Euro eingesammelt, seine Auftraggeber würden hochzufrieden sein. Seine Provision für heute konnte sich auch sehen lassen…

Betrug mit nichts als „heißer Luft"

Das Unternehmen MDM Group aus Meggen in der Schweiz hatte 2017 Nachrangdarlehen ausgegeben und hierbei ca. 10-20 % Zinsen pro Jahr versprochen und damit massiv Werbung im Internet gemacht.
Angeblich sollten Anleger(-innen) hiermit sichere Gewinne erzielen können.
Das war selbstverständlich nicht der Fall. Nachrangdarlehen sind alles andere als sicher.
Die Gewinne sollten im Bekleidungsbereich oder Modehandel möglich sein.
Außerdem wurde mit einem umfangreichen Immobilienbestand in der Türkei oder Schweden geworben, der aber überhaupt nicht vorhanden war. Anschließend wurde sogar mit einem großen Börsengang in den USA geworben.

Hierzu bekamen die Anleger(-innen) immer wieder Anrufe von angeblichen „Cheftradern", „Wertpapierhändlern" aus diversen Ländern wie Luxemburg, Liechtenstein, Frankreich, USA etc.

Ein großer US-Baukonzern würde die MDM Group übernehmen und man sogar mit diesem Baukonzern fusionieren. Das Ganze garniert mit schönen Meldungen der Mitarbeiter:

„Waren jetzt in New York, Dubai, 24 Stunden unterwegs für unsere treuen Anleger, die diesen Erfolg möglich machen."

Anleger könnten nun vorbörsliche Aktien erwerben und hiermit hohe Gewinne erzielen:

200 %, 300, 500 % in 8 Wochen, d. h., wer 100.000 investieren würde, würde nach 2 Monaten 200.000 oder gar 500.000,- € zurückerhalten.

Klingt zu gut, um wahr zu sein? War es leider auch.

Nichts von den schönen Versprechungen stimmte.

Der „Börsengang" fand nicht nur nicht statt, sondern wurde per E-Mail einfach abgesagt:

„Hiermit teilen wir Ihnen mit, dass der Börsengang nicht statt findet, weil sich der US-Baukonzern Nicht an die Abmachungen haltet," lautete die lapidare Nachricht in fehlerhaftem deutsch.

Anschließend war Funkstille, nämlich bei dem Unternehmen in Meggen telefonisch niemand mehr erreichbar.

Die verantwortlichen Hintermänner waren vermutlich türkische Staatsbürger und hatten sich anschließend mit den Anlegergeldern einfach „abgesetzt".

Und wenn man denkt, es geht nicht mehr, kommt irgendwo ein Anruf her: Es geht weiter mit dem „Follow-up"-Betrug

Wer nun aber glaubt, dass damit mit dem Betrug Schluss war, hatte sich gründlich getäuscht, denn die betrogenen Anleger wurden anschließend einfach noch dreist mehrfach „abkassiert".
Als der Börsengang letztendlich abgesagt wurde, angeblich weil der Baukonzern sich nicht an seine Abmachungen hielt, war nämlich noch lange nicht Schluss:
Einige Wochen später wurden die Anleger(-innen) erneut mit Telefonanrufen aus Luxemburg und Italien oder anderen Ländern bombardiert und es wurde ihnen mitgeteilt, dass der Börsengang nun doch noch stattfinden würde.
Die Anleger(-innen) müssten nur nochmals Geld überweisen, in der Regel Summen zwischen 30.000-100.000,- €, dann würde das für den Börsengang zuständige „Konsortium" ihnen wenige Wochen später den dreifachen Betrag ausbezahlen.
Hier sind offensichtlich nochmals zahlreiche weitere Anleger(-innen) um erhebliche Geldbeträge gebracht worden.

Anschließend gab es für die Anleger(-innen) sogar noch ein besonderes „Schmankerl", nämlich ein Scheiben, das angeblich vom Bundeskriminalamt stammte.
Hierin wurde den Geschädigten mitgeteilt, dass das BKA in der Türkei einen Teil der Beute sicherstellen konnte und dieser Betrag – angeblich ein Betrag in Höhe von mehreren Millionen Euro – den Geschädigten ausbezahlt werden könnte, jedoch Voraussetzung: Die Geschädigten müssten diese Information streng vertraulich behandeln und vorab einen Betrag von mehreren tausend Euro als „Bearbeitungsgebühr" auf ein geheimes Treuhandkonto des BKA überweisen.

Betrugsversuch: gefälschtes Schreiben, angeblich vom BKA

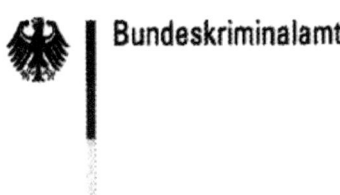

Zahlungsaufforderung Grundsicherung

Die Zahlungsaufforderung gilt zur Grundabsicherung des staatl. Anerkannten sich für die Bundesrepublik Deutschland im Ausland befindlichen Rechtsbeistand.

Inlandsvertretung des Treuhandschutzkontos:

IBAN:
BIC:

Grundabsicherungssumme: 6.900,00 €

Alles Vermögen, welches über den Wert des Beschlagnahmeschutzes geht wird von dem BKA vorübergehend in Sicherheit genommen bis die summarische Prüfung der strafprozessualen Beschlagnahme der türkischen Regierung vorgenommen wurde, anzunehmende Sicherstellungszeit beträgt **2 Wochen**.

Ort, Datum, Unterschrift

.............., ...

Es braucht vermutlich nicht erwähnt zu werden, dass es sich auch bei diesem Schreiben des BKA um eine dreiste Fälschung handelte und den Versuch, die Anleger(-innen) erneut „abzukassieren".
Derartige Maschen von „Follow-Up"-Betrug sind dabei nicht ungewöhnlich, denn die Adressen von geschädigten Anlegern werden teilweise von den Tätern entweder nochmals selber genutzt, um diese erneut „abzukassieren", oder aber an andere Betrüger weiter verkauft.

Der „Spuk" geht weiter mit den „Gauklern" aus Schweden

Seit dem Herbst 2018 trieb einfach eine „Nachfolgefirma" ihr Unwesen und „beglückte" deutsche Anleger(-innen), ein Unternehmen namens „Investfinans AB", diesmal aus Stockholm, Schweden:
Auch hier dieselbe dreiste Betrugsmasche:
Im Internet wurden seit Herbst 2018 zahlreiche positive Meldungen geschaltet, teils über gekaufte Internet-Anzeigen renommierter Tageszeitungen (bei denen diese anschließend auch wieder gelöscht wurden), teils über seriösere und weniger seriösere Börsenbriefe wie „größter Immobilienfonds Skandinaviens", „großer Börsengang geplant", „seit 2006", „Fa. ca. 600 Mio. € wert". Außerdem wurden Anleger geködert mit angeblich hohen Zinsen zwischen 3-9 % jährlich und, man höre und staune, auch eine „Festgeldanlage" versprochen.

Werbeversprechen des betrügerischen Unternehmens Investfinans AB

Investfinans AB
Creating Tomorrow Today

INVESTFINANS AB Skandinaviens führender Immobilienfonds.

Mehrere Immobilienprojekte kurz vor Fertigstellung im Portfolio

Sie suchen angesichts anhaltend niedriger Zinsen ein alternatives Investment? INVESTFINANS Immobilienfonds sind das solide Fundament für Ihre Anlagestrategie. Wir bieten die höchsten Renditen im europäischen Raum

- ✓ Kurzzeitrenditen von 3 bis 9,2 % p.a. möglich
- ✓ Höchster Zinssatz auf dem Markt derzeit
- ✓ Kein Risiko im Vergleich zu herkömmlichen Anlageprodukten
- ✓ Transparente Anlage
- ✓ Kurze Anlagezeit
- ✓ Absolute Diskretion

INVESTFINANS AB ist ein unabhängiger Schwedischer Finanzdienstleister. Seit 2006 bieten wir institutionellen Anlegern Fullservice im Bereich der strukturierten Produkte. Wir entwickeln und verwalten eigene Investmentfonds und übernehmen individuelle Vermögensverwaltungsmandate.

Sinnigerweise wurde hier den Anleger(-inne)n mitgeteilt, dass die Anlegergelder bei Investfinans AB über die schwedische/EU-Einlagensicherung bis zum Betrag von 100.000,- € abgesichert sein sollten...

Entweder wurde mitgeteilt, dass Investfinans AB direkt der schwedischen bzw. EU-Einlagensicherung zugehören würde, oder es wurde den Anlegern(-innen) mitgeteilt, dass zwar Investfinans AB nicht direkt der schwedischen Einlagensicherung unterliegen würde, aber die Anlegergelder bei Investfinans über die „Hausbank" von Investfinans, einer renommierten schwedischen Bank, abgesichert seien.

Kein Wunder, dass die Anleger(-innen) in Scharen ihr Geld nach Schweden überwiesen, Mandanten, die wir in dem Fall vertreten, Beträge zwischen 20.000,- €, 100.000,- € bis hin zu einem Anleger, der 2 Mio. € überwies.

Ein Anleger, der sich bei uns gemeldet hatte, hatte ein Darlehen auf seine Immobilie aufgenommen, um von den hohen versprochenen Gewinnen zu profitieren.

Ein anderer, über 80-jähriger Mandant, hatte sogar, entgegen des Ratschlags seiner Verwandtschaft, sein Haus verkauft und den Verkaufserlös bei Investfinans AB angelegt, weil er es ja besser wusste als „das junge Gemüse"...

Auch hier stimmte nichts von den Angaben...

So gibt es zwar in Schweden (genauso wie in der gesamten EU) eine Einlagensicherung bis zum Betrag von 100.000,- €, aber nur für Sparkonten und Festgelder und somit gerade nicht für die Gelder, die Anleger an Investfinans AB überwiesen...

Der Clou hier (wie in anderen Betrugs-Fällen auch): Anlegern wurden die ersten versprochenen Zinsen wirklich ausbezahlt, jedenfalls ein Betrag in Höhe von 1 % des angelegten Kapitals.

Hierdurch verloren viele Anleger(-innen) ihr Misstrauen und hatten dann nochmals weitere größere Beträge an das Unternehmen überwiesen.

Als der Betrug dann aufgeflogen war und die Bank in Schweden, bei der Investfinans AB ihr Konto hatte, nach einer Geldwäscheverdachts- und Betrugsanzeige unserer Kanzlei das Konto von Investfinans AB sperrte, war dieses nicht nur schon längst leer geräumt, sondern … die Täter machten einfach von anderen Ländern aus weiter. Nun wurde einfach ein neues Bankkonto bei einer Bank in Kalifornien eingerichtet, an das Anleger(-innen) das Geld nun überweisen sollten. Das Unternehmen, dem die Anleger(-innen) nur ihr Geld überweisen sollten, befand sich nun in New York.

Wieder wurden die Anleger(-innen) mit Telefonanrufen geschickter Telefonanrufer, die sich z. B. als „Dr. Zilberman" ausgaben, aus diversen Ländern, wie z. B. Luxemburg, Frankreich etc., „bombardiert" und es wurde ihnen mitgeteilt, dass sie nochmals Geld nachschießen sollten für den „Börsengang" von Investfinans AB, der sehr lukrativ sein würde und Anleger/-innen hiermit ihr Kapital schnell verdoppeln oder vervierfachen könnten oder aber dass ein anderes Unternehmen ihnen die Aktien abkaufen würde. Anleger(-innen) müssten aber schon noch mal mindestens 50.000,- € nachschießen… Diversen Anlegern, die wir vertreten, wurde einfach mitgeteilt, dass sie sich von Nachbarn oder Freunden Geld leihen sollten und diesen einfach auch von der Rendite etwas abgeben sollten… teilweise auch in Verbindung mit erheblichen Drohungen:

„Herr Maier, Sie wissen ja, bei dem Börsengang wird unser Unternehmen von einem großen US-Baukonzern übernommen. Glauben

Sie mir, Sie können hier innerhalb von 3 Monaten Ihr Kapital vervierfachen. Sie wären wirklich dumm, wenn Sie sich diese einmalige Chance entgehen lassen würden, das sage ich Ihnen als langjähriger Cheftrader. Das Konsortium hat das Geld schon bereit gestellt … Sie müssen sich aber schon schnell entscheiden und Ihre Beteiligung nochmals etwas aufstocken, weil ich nur noch ein kleines Rest-Kontingent an Aktien für ausgewählte Anleger wie Sie habe. Aber auch nur, wenn Sie diese weiteren 50.000,- € noch investieren. Wenn Sie das nicht mehr machen, droht Ihnen leider der Squeeze-Out und der anschließende Totalverlust."

Auch bei Investfinans AB fand natürlich kein Börsengang statt und die Anleger(-innen) verloren ihr Geld vollständig, hatten also einen Totalverlust zu verzeichnen, weil das Geld nicht angelegt, sondern veruntreut wurde...

Die Zutatenliste für den Betrug mit dem „Konzern aus dem Briefkasten"

In den obigen Fällen wie MDM Group oder Investfinans AB benötigen die Täter nur folgende „Zutaten" für den perfekten Betrug:
Zunächst wird ein völlig wertloser „Börsenmantel" aufgekauft, der aber teilweise schon jahrelang besteht.
So können die Täter eine jahrelange Geschäftstätigkeit „vorgaukeln" – „seit 2010" etc. – vortäuschen, auch wenn bei dem Börsenmantel jahrelang überhaupt keine Geschäftstätigkeit ausgeübt wurde.
Nun gründen die Verantwortlichen eine „Briefkastenfirma", d. h., mieten sich in einem Büroservice ein und eröffnen ein Bankkonto, auf das die Anlegergelder einbezahlt werden sollen.

Anschließend wird ein „Strohmann" oder eine Strohfrau als Geschäftsführer(in) eingesetzt, d. h., entweder eine Person, die weiß, dass die in den Betrug involviert ist, oder aber manchmal auch eine Person, die sogar überhaupt nicht weiß, dass sie dort für einen großen Anlagebetrug eingesetzt wird (in einem von uns betreuten Fall war ein über 80-Jähriger als Geschäftsführer eingesetzt, der nicht wusste, für was er seinen Namen hergab).

Nun brauchen die Täter noch einen geschickten Internetauftritt. Und sie fangen an, im Internet wie verrückt über einen eigenen Newsroom, Börsenbriefe etc. zu bloggen – mit extrem positiven Nachrichten über das Unternehmen, d. h., es wird im Internet die Nachricht verbreitet, dass die Fa. bereits jahrelang tätig sein soll, über einen großen Immobilienbestand verfügt, die Anleger(-innen) ihr Geld sicher anlegen können, eventuell mit „Festgeldgarantie" geworben, anschließend sogar ein großer Börsengang geplant ist mit hohen Gewinnmöglichkeiten für Anleger(-innen).

Wenn Anleger bei Google nach der Fa. suchen, finden sie auf S. 1 nur positive Meldungen. Da die Täter die SEO-Optimierung im Internet perfekt beherrschen, landen vereinzelte negative Nachrichten, wie z. B. von Finanzmarktaufsichten, auch schnell wieder auf S. 2 oder 3, so dass sie nicht mehr auf den ersten Blick ersichtlich sind.

Geschickte Telefon-„Drücker"-Kolonnen erledigen nun, wie oben gesehen, noch den Rest: Anleger(-innen) werden immer wieder angerufen von psychologisch sehr geschickten Personen, die sich natürlich mit falschem Namen ausgeben und auf alle Fragen eine Antwort haben. Der/die Anleger(-in) bekommt eine telefonische „Rundum-Seelsorge", aufkommende Zweifel werden sofort im Keim erstickt.

Die Telefonverkäufer rufen die Anleger selbstverständlich auch nicht vom Firmensitz aus an, bei dem es sich in der Regel sowieso nur um eine reine „Briefkastenadresse" handelt, untergebracht in einem Büroservice, sondern mit Telefonvorwahlnummern aus diversen Ländern wie Luxemburg, Schweiz, Frankreich oder USA, um nochmals internationales Flair zu vermitteln und alleine schon um einer eventuellen Enttarnung zu entgehen, falls doch einmal Polizei und Staatsanwaltschaft beim „Firmensitz" vorbeischauen sollten.

Die Hintermänner des Betrugs befinden sich natürlich nicht in dem Land, in dem die Briefkastenfirma gegründet wurde wie Schweiz oder Schweden, sondern in ganz anderen Ländern, also z. B. in der Türkei, den USA, Russland oder Dubai.

Dann hören die Anrufe auf einmal abrupt auf, die Telefonnummern, die eben noch erreichbar waren, sind abgeschaltet – „Nummer nicht vergeben" – ertönt dann oft.

Die „Beute", d. h., die Anlegergelder, ist bis dahin von den Tätern längst in Sicherheit gebracht, das Geld schon in diverse andere Länder transferiert worden.

Für viele Anleger(-innen) bricht anschließend eine Welt zusammen...

Der/Die unbedarfte Anleger(-in) wird hier im wahrsten Sinne des Wortes zum „Kapitalanleger-Freiwild", das von den Initiatoren des Betrugs ausgenommen werden kann wie eine „Weihnachtsgans". Am besten so stark, dass sie/er immer wieder Geld nachschießt, bis sie/er überhaupt kein weiteres Geld mehr hat, um sich juristisch zur Wehr zu setzen.

Die Organisierte Kriminalität lässt grüßen

In den oben beschriebenen Fällen wie MDM Group oder Investfinans AB gehen die Täter unglaublich geschickt über Landesgrenzen hinweg vor.

Ein solch groß angelegter Betrug über mehrere Landesgrenzen hinweg erfordert auch durchaus eine größere Organisation und meiner Beobachtung nach hat schon längst auch die Organisierte Kriminalität das Geschäftsmodell „Anlagebetrug" für sich entdeckt, denn die zu erwartenden Gewinnspannen sind, meiner Beobachtung nach, teilweise sogar noch größer als im Drogenhandel.

Sollte etwas schief gehen, sind diese Leute oftmals auch nicht zimperlich. Leider in sehr guter Erinnerung sind mir noch die Anrufe, die in unserer Kanzlei zwei Tage, nachdem wir mit unserer Geldwäscheverdachtsanzeige die Kontosperrung gegen Investfinans AB bei der schwedischen Bank erreicht hatten und somit der Geldfluss für die Täter versiegt war, begannen:

Anfangs im Minuten- dann im Sekundentakt (!) trafen nun bei uns in der Kanzlei Anrufe aus aller Welt ein mit Vorwahlnummern von z. B. den Komoren, Haiti, den Niederländischen Antillen, Nordkorea, Zypern, Thailand, Russland, Kasachstan, Türkei, Guam usw. mit unschönen Telefonansagen wie „We are anonymous, we do not forgive", „We kill you".

Polizeiliche Ermittlungen bringen hier selbstverständlich keine Aufklärung bei über Computerprogramme voreingestellten Landesvorwahlen, die Chance, die Täter zu ermitteln, ist gleich null.

Mit dieser „Masche" können die Täter über Landesgrenzen hinweg in kurzer Zeit viel Geld einsammeln und sehr schnell sehr reich werden – 30, 50 oder gar 100 Mio. € können dabei meiner Meinung nach ganz leicht mit einer einzigen Betrugsaktion von den Anleger(-inne)n zusammen kommen und unter den Tätern aufgeteilt werden, während die Anleger(-innen) in kürzester Zeit um ihr Geld gebracht werden.

Derartige Fälle von Betrug mit vermeintlich sicheren Anlagen, „Festgeldanlagen", haben gegenwärtig, nach meiner Beobachtung, absolute Hochkonjunktur.

Mir sind alleine zurzeit ca. 5-10 Unternehmen mit „Briefkastenadressen" in der Schweiz und dem EU-Ausland bekannt, die sich speziell an deutsche Anleger(-innen) mit vermeintlich sicheren Anlagen wenden, mit wohlklingenden Namen wie „World Invest Group", „Meridian Interstate Europe", „Sparpiloten" usw., und die sogar mit angeblicher „Einlagensicherung" werben, die bei den Unternehmen gar nicht besteht.

Ein Skandal, der dringend schärferer Gesetze, härterer Strafen und international besser abgestimmter Ermittlungsmethoden bedarf, bevor es zu spät ist.

Politik und Aufsichtsbehörden haben das Problem meiner Meinung nach noch gar nicht richtig erkannt und „hinken" den professionellen Tätern mit ihren altbackenen Ermittlungsmethoden massiv hinterher. Meine Prognose ist, dass in den nächsten Jahren eine sechsstellige Zahl von deutschen Kapitalanlegern(-innen) mit dieser Methode vollständig um ihr Geld und somit um ihre Altersversorgung oder Alterssicherung gebracht wird, viele unbedarfte Rentner, die ihre gesamten Ersparnisse verlieren werden, wenn hier nicht schnell etwas passiert…

Praxistipp:

- Fragen Sie unbedingt nach der Erlaubnis des Anbieters, Finanzgeschäfte zu erbringen, und sehen Sie auf der Webseite der Bundesanstalt für Finanzdienstleistungsaufsicht (BaFin) nach.
  Auch ausländische Anbieter benötigen eine BaFin-Erlaubnis, wenn Sie sich an deutsche Anleger wenden.
- Lassen Sie sich einen Handelsregisterauszug zu dem Unternehmen kommen. Im Internet kostet das ca. 20,- €. Falsche

Versprechungen, z. B. zu den angeblichen Umsätzen und Gewinnen können so leicht enttarnt werden.
- Ihnen werden schöne Versprechungen gemacht, z. B. zu einer angeblich bestehenden Einlagensicherung, die z. B. über die ausländischen Einlagensicherungssysteme oder über Banken bestehen soll? Fragen Sie bei der ausländischen Finanzaufsicht oder bei diesen Banken nach, ob das tatsächlich zutrifft. Falls nein: Finger weg!
- Bei Anbietern im Europäischen Ausland: Fliegen Sie, bevor Sie viel Geld investieren, für 200,- € zum Firmensitz. Was finden Sie vor? Ein großes Unternehmen mit zahlreichen Mitarbeitern oder einen „Briefkasten", sprich, einen Büroservice, der nur die Post für die Fa. (und vermutlich zahlreiche andere Firmen) annimmt und weiterleitet? In dem Fall: Finger weg!
- Generell Vorsicht bei Anbietern aus dem Ausland: Die Rechtsdurchsetzung ist hier oftmals viel schwieriger als in Deutschland.
- Vorsicht vor positiven Ratings, Bewertungen oder positiven Angaben zu dem Unternehmen in Zeitungen, Börsenbriefen, im Internet etc. Diese könnten gekauft und somit wertlos sein!
- Angeblich prominente Personen wie Bürgermeister, Finanzinstitutionen etc. haben sich sehr positiv zu dem Unternehmen geäußert (das war angeblich bei Investfinans der Fall). Fragen Sie nach, ggf. im Rathaus, wenn Sie keine positive Antwort erhalten: Finger weg!
- Fragen Sie bei den Verbraucherzentralen nach: Diese warnen oftmals vor unseriösen Anbietern. Oder sehen Sie auf die „Warnliste Geldanlage" der Stiftung Warentest.

1.3 Vernichtende Bilanz mit Anleihen

Die Anleihen der Wohnungsbaugesellschaft Leipzig West AG

„Sehr geehrter Anrufer, wir haben heute Insolvenz angemeldet."
(Bandansage der WBG Leipzig West AG)

Mein erster richtig großer Kapitalanlagefall bahnte sich 2006 an: Die Wohnungsbaugesellschaft Leipzig West, ein Unternehmen, das seit dem Ende der 90er Jahre Inhaberteilschuldverschreibungen, also Anleihen, mit einem Volumen von ca. 550 Mio. € heraus gegeben hatte und den ca. 30.000 Anlegern ca. 6 % Rendite jährlich versprochen hatte, teilte im Januar 2006 auf einmal mit, dass eine am 01.12.2005 fällige Inhaberschuldverschreibung wegen „EDV-Problemen" nicht fristgerecht ausbezahlt werden könne.
Man habe technische Probleme mit dem Server und alle Rechnungsdaten müssten „von Hand bearbeitet werden".
Nun, konnte das stimmen oder wurden die Anleger(-innen) hier mit fadenscheinigen Argumenten hingehalten und steckten nicht vielmehr Liquiditäts- und Zahlungsprobleme hinter den Auszahlungsschwierigkeiten?
Dabei hatte doch alles einige Jahre so gut funktioniert und das Unternehmen klaglos die jährlichen Zinsen ausbezahlt.
Anleger(-innen), die sich wegen der Zahlungsverzögerung sorgenvoll an unsere Kanzlei wandten, erzählten mir in Telefon-Gesprächen, dass sie zunächst aus Vorsichtsgründen nur einen kleinen Betrag investiert hatten, und, nachdem dieser dann, wie versprochen inklusive Zinsen zurückbezahlt wurde, sie ihr Misstrauen verloren und nun einen größeren Betrag investierten.

Viele Anleger(-innen) waren nun in heller Aufregung und beauftragten uns damit, das Geld sowie ihre Zinsen von dem Unternehmen zurückzufordern.

Dabei machte das Unternehmen einen hochseriösen Eindruck: Der Verkaufsprospekt war in altdeutscher Schrift geschrieben, schon auf dem Deckblatt befand sich die Angabe „seit 1926", auf Seite 3 des Verkaufsprospektes waren dann zahlreiche positive Angaben zu der Anlage wie „inflationsgeschützt", „kein Kursrisiko".

Urkunde einer Inhaberschuldverschreibung der WBG Leipzig West AG

Dazu Angaben zu einem umfangreichen Immobilienbestand, der über die ganze Bundesrepublik Deutschland verteilt gewesen sein sollte.

Kein Zweifel: Wer den Prospekt vor sich hatte, musste denken, es mit einem hochseriösen Unternehmen zu tun zu haben, das schon seit vielen Jahrzehnten erfolgreich mit einem großen Immobilienbestand am Markt tätig war und bisher immer regelmäßig und wie das Amen in der Kirche die Zinsen an die Anleger(-innen) ausbezahlte.
Apropos Zinsen: Diese waren mit 5-7 % zwar recht hoch, aber nicht, wie bei anderen Firmen mit 8-10 oder mehr Prozent Zinsen, so „unanständig" hoch, dass man von vorneherein von einem Betrugsmodell ausgehen musste.
Einem soliden, dynamisch geführten Immobilienunternehmen ist es ohne Weiteres möglich, 5-7 % Zinsen pro Jahr zu erwirtschaften, dachten viele Anleger(-innen) und investierten ihr Geld.

Nach unserer Aufforderung und der Aufforderung durch andere Rechtsanwaltskanzleien zahlte die Wohnungsbaugesellschaft Leipzig West doch noch im Februar diversen Anlegern die Zinsen aus, ja, sogar oftmals inklusive Verzugs-Zinsen und Anwaltshonorar.
Was war da bei der WBG Leipzig West AG los? Würde sich so wirklich ein Unternehmen verhalten, das Insolvenz anmelden müsste?

Im Februar 2006 ein weiterer Beschwichtigungsversuch:
„Die richtigen Zutaten für den größten Erfolg unserer 80-jährigen Firmengeschichte", lautete die Überschrift eines Schreibens der WBG AG an tausende Anleger(-innen). Weiter wurde mitgeteilt, dass die WBG Immobilien zum Preis von über 40 Mio. € an eine Pensionskasse veräußert habe, das erzielte Verhandlungsergebnis habe deutlich über der ursprünglichen Kalkulation gelegen. Dieser Immobilienverkauf habe

die „größte Transaktion der 80-jährigen Firmengeschichte der WBG" dargestellt, und weiter, man höre und staune: „Setzen Sie mit uns den erfolgreichen Weg auch in den nächsten Jahren gemeinsam fort."
Das hörte sich in der Tat beruhigend an.

Am 24. April 2006 wurde die Ausgabe einer neuen Anleihe mit 7 % Zinsen angekündigt. Dieses Papier trage dem Umstand Rechnung, dass „die Zeichner durch ihr finanzielles Engagement in den letzten Jahren bei der WBG ein erhebliches Wachstum sowohl im Immobilienbereich als auch beim Ausbau von Beteiligungen ermöglicht" hätten. Am 01.06.2006 wurde zahlreichen Anleger(-inne)n dann der Umtausch einer Anleihe mit Bonus und Zinsoptimierung angeboten, diesmal mit 7 % Zinsen.

Jedoch: Am 17.06.2006 stand eine weitere Anleihe zur Rückzahlung an.
Ich erinnere mich noch gut, als ich Mitte Juni 2006 bei der WBG AG anrief:
„Sehr geehrter Anrufer, wir haben heute Insolvenz angemeldet", ertönte die Band-Ansage.
All die beschwichtigenden Angaben in den Vormonaten hatten offensichtlich den Zweck, den Anlegern eine Sicherheit vorzugaukeln, von der wenige Monate oder gar Wochen vor der Insolvenz keinesfalls mehr gesprochen werden konnte.
Für viele Anleger(-innen) brach eine Welt zusammen…
Etliche der ca. 500 Anleger, die wir in dem Fall vertraten, waren den Tränen nahe, nicht wenige hatten einen Großteil ihrer Ersparnisse in der WBG Leipzig West investiert. Einige waren auch komplett ruiniert, sie hatten ihre gesamten Ersparnisse bei der WBG Leipzig West AG investiert oder ihre komplette Altersvorsorge verloren.

Viele Rentner, vom Senior, der mir leider mitteilte, dass er nun die lange anstehende Zahnsanierung nicht vornehmen könne, bis zum Anleger, der mir mitteilte, dass er nun überlegen würde, Suizid zu begehen, weil er nun seine Miete nicht mehr bezahlen könne.
Leider auch auffallend viele Anleger(-innen) aus den neuen Bundesländern, die mir mitteilten, dass sie sich niemals hätten vorstellen können, dass es sich hier um einen Betrug handelte, weil es so etwas im Osten „nicht gab" und es dafür doch die „Staatliche Überwachung" geben würde.
Die Liste der menschlichen Schicksale war im Fall WGB lang. Insgesamt hatten wohl ca. 30.000 Anleger(-innen) durchschnittlich ca. 20.000,- € investiert und zwischen 200-500 Millionen Euro verloren.[12]

Schnell war klar, dass bei der WBG AG nur ein ausgeklügeltes „rollierendes System" betrieben wurde, das heißt, alte Anleger(-innen) wurden mit dem Geld neuer Anleger ausbezahlt und das System platzte, als es nicht mehr gelang, neue Anleger von einer Investition in die Anleihen zu überzeugen. Das wurde auch etwas verklausuliert unumwunden im Prospekt zugegeben, denn hier wurde ausgeführt:
„Das Geld aus der Anleiheemission kann auch zur Rückführung alter Anleihen verwendet werden." Schade nur, dass bei dieser Passage nicht mehr Anleger stutzig wurden...

Anleger(-innen) der WBG AG konnten auch anschließend ihre Forderungen zur Insolvenztabelle anmelden, jedoch war das Insolvenzverfahren Ende 2020, also ca. 14 Jahre nach der Insolvenz, noch nicht abgeschlossen und es ist unsicher, ob Anleger hier viel von ihrem eingesetzten Vermögen zurückerhalten werden.

Auf der Suche nach den Verantwortlichen des Desasters wurde schnell klar, wer an dem WGB-Modell verdiente:
So bestand ab dem Jahr 1997 ein „Beherrschungs- und Gewinnabführungsvertrag" mit einer Nürnberger Firma, über die „Gewinnabführungsverträge" sollen laut Insolvenzgutachten ca. 56 Millionen Euro entzogen worden sein.
Der hinter der Firma stehende Verantwortliche wurde im Juli 2006 festgenommen und kam in Untersuchungshaft, weil ihm die Staatsanwaltschaft Betrug, Untreue und Insolvenzverschleppung zunächst für das Jahr 2006 vorgeworfen hatte.
Er kam nach ca. 17 Monaten auch schon wieder auf freien Fuß,[13] bemerkenswert bei der hohen Schadenssumme.
Der Ex-Vorstand der WBG AG wurde im März 2014 wegen Betrugs und Untreue zu einer Freiheitsstrafe von 2 Jahren auf Bewährung verurteilt.

Es half jedoch alles nicht: Die Anleger(-innen) bekamen ihr Geld nicht zurück. Auch ein Wirtschaftsprüfer, der das Testat für die WBG AG erstellt hatte, wurde von uns verklagt und vom BGH auch wegen des fehlerhaften Testats verurteilt. Jedoch war auch hier für die Anleger „kein Geld zu holen": Zwar haben Wirtschaftsprüfer eine Haftpflichtversicherung, diese musste aber für den Schaden nicht zahlen, weil „vorsätzliches" Verhalten des Wirtschaftsprüfers vorlag, d. h., der Wirtschaftsprüfer wusste, dass sein Testat falsch war. Auch beim Wirtschaftsprüfer selbst war kein Geld zu holen.

Bessere gerichtliche Chancen hatten Anleger(-innen) oftmals bei gescheiterten Mittelstandsanleihen, bei denen es Vermittler gab (z. B. GlobalSwissCapital AG). Hier konnten teilweise von unserer Kanzlei oftmals recht gute Vergleiche geschlossen werden.
In einem Fall konnte von unserer Kanzlei für die von uns vertretenen

Anleger ein Gesamtvergleich mit der Haftpflichtversicherung eines Mittelverwendungskontrolleurs vor dem BGH geschlossen werden, nachdem wir in der 1. Instanz alle Fälle verloren hatten, in der 2. Instanz dann einige Fälle gewonnen hatten und der Mittelverwendungskontrolleur bzw. dessen Haftpflichtversicherung dann etwas nervös wurden, nachdem die ersten Fälle vom BGH anberaumt wurden….

Was sind Mittelstandsanleihen genau? Verlierer sind oftmals die Anleger(-innen)

Der obige Fall der WBG AG steht für einen Markt, auf dem es in den letzten Jahren immer wieder zu Pleiten und Skandalen kam: den Markt der Mittelstandsanleihen.
Im Anschluss an den obigen Skandal hatten wir in den nächsten Jahren mehrere tausend Anleger(-innen) vertreten von Firmen, die Mittelstandsanleihen ausgegeben hatten und anschließend in die Insolvenz gingen mit Namen wie: DM Beteiligungen AG, GlobalSwissCapital AG, Solar Millenium, Solar World, Rickmers Holding, WGF AG, Deikon, Air Berlin, German Pellets AG, Getgoods AG, ADCADA GmbH usw.

Eine Mittelstandsanleihe ist eine Anlageform, bei der ein(e) Anleger(-in) einem bestimmten Unternehmen Geld und somit ein Darlehen gibt, damit ihr/sein Geld von dem Unternehmen für Investitionen verwendet werden kann, sei es für Immobilien, Holzpellets, Einzelhandel, Onlinehandel u.a. Das Unternehmen verspricht der Anlegerin/dem Anleger dafür eine feste jährliche Rendite von in der Regel 4-8 %, in manchen Fällen sogar auch über 10 %. Am Ende der Laufzeit wird der Anlegerin/dem Anleger, wenn alles gut geht, der Anlagebetrag inkl. Zinsen wieder vollständig ausbezahlt.

In den Jahren 2010 bis März 2018 wurden Mittelstandsanleihen im Volumen von ca. 7,3 Mrd. € emittiert.[14]

Diagramm Emission von Mittelstandsanleihen im Zeitraum 2012 -2018

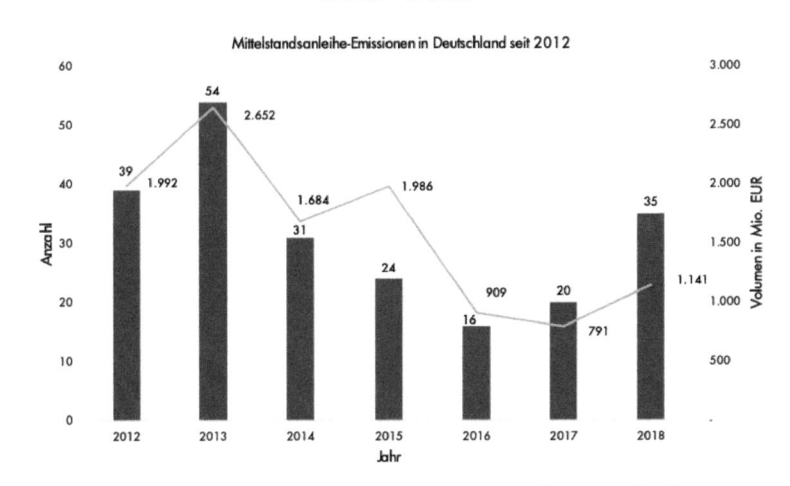

Mittelstandsanleihe-Emissionen in Deutschland seit 2012

Jahr	Anzahl	Volumen in Mio. EUR
2012	39	1.992
2013	54	2.652
2014	31	1.684
2015	24	1.986
2016	16	909
2017	20	791
2018	35	1.141

Quelle: IR.on: „KMU-Anleihen: Jahresrückblick 2018 und Ausblick 2019", abrufbar unter https://mayerhoefer.com/2019/05/08/mittelstandsanleihen-totgesagte-leben-laenger/, Abruf am 25.11.2020

So weit, so gut. Das Problem ist: In vielen Fällen geht es nicht gut. In den letzten Jahren gingen viele Firmen, die Mittelstandanleihen emittiert hatten, in die Insolvenz, wie oben aufgezeigt.

Anleger(-innen) müssen immer berücksichtigen, dass sie bei Mittelstandsanleihen im Insolvenzfall erst nachrangig befriedigt werden, d. h., nach anderen Gläubigern wie Banken etc.
Es besteht also im Fall der Mittelstandsanleihen keine Einlagensicherung. Und im Insolvenzfall sehen Anleger(-innen) hohen Verlusten bis hin zu einem weitgehenden Totalverlust ihrer Anlagesumme entgegen,

neben einer, in der Regel spärlichen, Insolvenzquote von wenigen Prozent, die Anleger(-inne)n oftmals erst nach vielen Jahren ausbezahlt wird. Der Markt für Mittelstandsanleihen hatte sich in den letzten Jahren schwunghaft entwickelt.

Gründe hierfür gibt es viele:

Zum einen bekommen viele mittelständische Unternehmen wegen höherer Eigenkapitalanforderungen der Banken etc. einfach deutlich schwieriger Kredit von einer Bank.

Viele weichen daher aus auf alternative Finanzierungsmöglichkeiten, z. B. sie beschaffen sich eben Geld für das Unternehmen über Anleger(-innen) in Form von Mittelstandsanleihen. Außerdem besteht hier für die Unternehmen der Vorteil, dass die Anleger nur wenig Mitspracherecht haben.

So hatte die Stuttgarter Börse auch im Jahr 2010 ein eigenes Börsensegment für Mittelstandsanleihen eingeführt namens BondM.

Die Bilanz sieht leider verheerend aus:

Von 33 Anleihen, die im Segment BondM gelistet waren, erlitten 20 eine sog. „Leistungsstörung": Das bedeutet also, dass rund 60 % der Emittenten entweder in die Insolvenz gingen oder ihre Anleihen restrukturieren mussten.[15]

Schon im Jahr 2014 erkannte man bei Bond M, dass das Segment nicht weiter geführt werden soll und stellte es ein.

Und genau hier liegt das Problem: Bei einer Mittelstandsanleihe handelt es sich im Endeffekt um eine hochspekulative Anlageform mit erheblichen Risiken bis hin zum Totalverlustrisiko. In diversen Fällen werden die Anleger(-innen), wie oben gesehen, ihr eingesetztes Kapital nicht mehr zurückerhalten, sondern bei einer einsetzenden Insolvenz ihr Geld teilweise oder vollständig verlieren.

Wenn man somit bedenkt, dass bei einer Investition in Mittelstandsanleihen immer das Insolvenzrisiko mitschwingt, ist eine versprochene Rendite zwischen 5-7 % gar nicht mehr so hoch, worüber sich viele Anleger(-innen) nicht im Klaren sind und das Risiko ausblenden.

Ein guter Teil der Firmen, die diese Mittelstandsanleihen ausgegeben haben, wird die Anlegergelder nicht zurückzahlen können, sondern Insolvenz anmelden müssen.
D. h., in vielen Fällen sitzen Anleger(-innen) hier auf „tickenden Kapitalanlage-Zeitbomben", ohne es überhaupt zu wissen. Das Entsetzen wird dann leider umso größer sein.
Um hier nicht falsch verstanden zu werden: Längst nicht jeder Emittent einer Mittelstandsanleihe ist unseriös oder gar in betrügerischer Absicht tätig. Allerdings gibt es gerade in diesem Segment, meiner Erfahrung nach, besonders viele schwarze Schafe, die unbedarften Anlegern/Anlegerinnen „das Geld aus der Tasche" ziehen wollen.

Staaten vor dem Kollaps – Die Zeche zahlen die Anleger oder: Das Märchen von den sicheren Staatsanleihen

„Die Schulden des Staates haben immer die kleinen Leute bezahlt."
(Sprichwort)

Es gab einmal eine Zeit, da galten Staatsanleihen als sicheres Investment und man konnte sich weitgehend darauf verlassen, dass man sein Geld zurückerhalten würde.
Nun, diese Zeiten, liebe Leserin und Leser, sind definitiv vorbei, wie

einige Staatsanleihe-Ausfälle, die sich in den letzten Jahren ereignet haben, zeigen.

Den Anfang machte Argentinien mit seinem Zahlungsausfall im Jahr 2002. Ebenfalls tragisch für die Anleger(-innen) ging es weiter mit Griechenland im Jahr 2012, bei dem deutsche Anlegerinnen und Anleger ebenfalls einen „schweren Schock" in Sachen Staatsanleihen erlebten: Griechenland wollte/konnte seine Anleihen nicht vollständig zurückbezahlen.

Hierbei hatte sich Griechenland mit einem Rechtsverständnis bisher noch nie dagewesener Art aus der Affäre gezogen:
Die Anleihebedingungen wurden *im Nachhinein* geändert. Beim sog. „Schuldenschnitt" beschloss Griechenland einfach, dass die Mehrheit der Anleger(-innen) diesem Schuldenschnitt zustimmen konnte. Und der Schuldenschnitt für die Anleger(-innen), die diesem Schuldenschnitt nicht zustimmten, trotzdem wirksam wäre, was somit faktisch einer Teilenteignung gleich kam.
Vorausgegangen war, dass in Griechenland im Zuge der Restrukturierung des griechischen Staatshaushalts das griechische Gesetz 4050/2012 vom 23.02.2012 beschlossen wurde, das vorsah, dass durch Mehrheitsentscheidungen der Anleihegläubiger die Anleihebedingungen geändert werden konnten und diese Entscheidung dann durch Beschluss des Ministerialrats Griechenlands für allgemeinverbindlich erklärt werden konnte.
Das war neu in der Rechtsgeschichte und kann in der Tat als Rechtsverständnis der „3. Art" bezeichnet werden, denn seit der Antike galt der Grundsatz: „Pacta sunt servanda", was also im Ergebnis bedeutet, dass Verträge einzuhalten sind.
Nun wurde also von Griechenland dieser Grundsatz „über Bord"

geworfen und im Nachhinein beschlossen, dass mit einer gewissen Mehrheit die Anleger(-innen) dem Schuldenschnitt zustimmen könnten und dies auch für die Anleger(-innen) gelten würde, die dem Schuldenschnitt nicht zugestimmt hatten.

Dies war ein Vorgang, der letztendlich „Collective Action Clause" genannt wurde und somit eine Klausel in Anleihebedingungen betrifft, die Änderungen einzelner Bedingungen von der Zustimmung der Mehrheit der Gläubiger abhängig macht und im Falle der mehrheitlichen Zustimmung für sämtliche Anleihegläubiger bindend ist.

Durch den Schuldenschnitt, also die Mehrheitsentscheidung der Gläubiger, wurden die griechischen Anleihen um mehr als 53 % abgewertet und ihre Laufzeit deutlich verlängert, was zu erheblichen Verlusten bei den Gläubigern Griechenlands führte.[16]

Diverse Anleger(-innen) von Griechenland-Anleihen wollten sich das nicht gefallen lassen und klagten:

Den deutschen Anlegern half das leider alles nichts, denn der Bundesgerichtshof entschied im Jahr 2016, dass Klagen deutscher Anleiheinhaber gegen Griechenland wegen der Staatenimmunität unzulässig seien (BGH, Urteil vom 08.03.2016, Az. VI ZR 516/14). Denn laut BGH würde es die souveräne Gleichheit der Staaten ausschließen, dass die Gerichte eines Staates über das hoheitliche Handeln eines anderen Staates urteilen dürften – ein schwerer Schlag für viele deutsche Anleger(-innen). Denn damit stand fest, dass vor deutschen Gerichten keine Schadensersatzansprüche gegen Griechenland durchgesetzt werden konnten.

Diverse Anleger versuchten es weiter und klagten gegen die Europäische Zentralbank (EZB), das Gericht der Europäischen Union wies aber auch diese Klagen privater Anleger, die Verluste mit Griechenland-Anleihen erlitten hatten, ab (Urteil des EuG vom 07.10.2015, Az. T-79/13).

Sie, liebe Leserin und lieber Leser, müssen also bei der Anlage in Staatsanleihen in Zukunft sehr vorsichtig sein, da einst als sicher geltende Staatsanleihen doch teilweise nicht mehr so sicher sind, wie einst angenommen.

Um Schuldenschnitte wie im Fall Griechenland in Zukunft zu erleichtern, wurde in der EU übrigens im Jahr 2011 beschlossen, dass alle in der Europäischen Union seit Januar 2013 neu ausgegebenen Staatsanleihen eine sog. „Collective Action Clause" enthalten müssen,[17] damit überschuldete Staaten im Fall von Staatsschuldenkrisen leichter die Anleihebedingungen ändern können.
In einer Gläubigerversammlung können hierbei bei neuen Anleihen aus der Europäischen Union, die seit dem Januar 2013 ausgegeben wurden und die eine Laufzeit von mehr als 12 Monaten haben, bestimmte Anleihebedingungen wie Laufzeit, Zinsen und Nennwerte mit 75 % des in der Versammlung vertretenen Kapitals verändert werden.

Für den/die Kleinanleger(-in) bedeutet das aber natürlich, dass Staaten in der EU viel leichter die Rückzahlung der Anleihen erschweren oder verhindern können und somit Anleger(-innen) eventuell hohe Verluste erleiden könnten.

Praxistipp:

- Für Anleger(-innen) ist es bei Mittelstandsanleihen besonders schwer, seriöse von unseriösen oder gar betrügerischen Unternehmen, die es von vornherein nur auf das Geld des/der Anlegers(-in) abgesehen haben, zu unterscheiden, denn viele Firmen, auch höchst unseriöse, unternehmen erhebliche Anstrengungen,

um die Anlegerin/den Anleger davon zu überzeugen, dass es sich um eine – vermeintlich – solide Anlage handelt.
- Gerade im Segment der Mittelstandsanleihen fällt es Initiatoren oftmals relativ leicht, ein nicht funktionierendes oder gar von vornherein betrügerisches Geschäftsmodell in einem schönen Hochglanz-Prospekt zu „verpacken".
- Auch auf sonstige positive Hinweise wie Expertenmeinungen oder positive Ratings von Ratingagenturen ist oftmals kein Verlass, wie sich in der Vergangenheit gezeigt hat.
- Beachten Sie bei Staatsanleihen immer, dass inzwischen eine sog. „Collective Action Clause" zulässig ist.
- Auch Klagen haben bei Staatsanleihen oftmals unsicheren Ausgang.
- Im Zweifel sollte es daher für Sie als Anleger(-in), wenn Sie sich nicht sicher sind, heißen: „Finger weg". Zumindest sollten Sie nur einen kleineren Teil Ihres Vermögens in Mittelstands- oder Staatsanleihen investieren und ggf. streuen, um nicht alle „Eier in einen Korb zu legen".

1.4 Der „goldene" Betrug: BWF-Stiftung & Co.

„Es ist nicht alles Gold, was glänzt." (Sprichwort)

Anleger(-innen) sind immer auf der Suche nach einer möglichst hohen Rendite bei einer möglichst hohen Sicherheit.
Da kam ein Angebot der BWF-Stiftung aus Berlin ab dem Jahr 2011 ganz recht. Denn das versprach, dass man mit einer Anlage in Gold eine garantierte Rendite von 5-10 % jährlich erzielen könnte. Der Anleger/die Anlegerin würde sich nach Ablauf der Laufzeit von 2, 4 oder

8 Jahren entscheiden können, ob er/sie sich von der BWF-Stiftung entweder das Gold ausliefern lassen würde oder eine garantierte Mindestrückzahlung in Form von Kaufpreis und Rendite erhalten würde.

Gold hat schon von jeher eine starke Anziehungskraft für Anleger(-innen), denn es sieht nicht nur gut aus, sondern steht auch im Ruf, besonders sicher und als Krisenwährung geeignet, also gerade in schlechten Zeiten besonders wertstabil zu sein.

Gold als „sicherer Hafen" ist somit bei vielen Anlegern(-innen) besonders begehrt.

Möglich sein sollte bei der BWF-Stiftung das „Perpetuum Mobile" der Geld-/Goldanlage dadurch, dass die BWF-Stiftung mit dem Gold Zwischenhandel betreiben können sollte, nämlich z. B. die Schmuckindustrie hohen Bedarf an kurzfristig verfügbarem Gold haben und dafür bereit sein sollte, hohe Preise zu bezahlen.

Außerdem sollten die Anleger(-innen) noch Eigentum erwerben an dem von ihnen gekauften Gold.

Das Gold sollte in einem großen Tresor in Berlin sicher verwahrt werden, die Goldbestände sollten jederzeit besichtigt werden können.

Diagramm Angaben im Verkaufsflyer der BWF-Stiftung

7 Gute Gründe für die Goldprodukte der BWF-Stifutung:

1. Das Gold ist und bleibt alleiniges Eigentum der Kunden
2. Das Gold wird in zertifizierten Barren gelagert
3. Das Gold wird im Hochsicherheits-Tresor in Deutschland gelagert
4. Die BWF-Stiftung garantiert Ihren Rückkaufkurs
5. Kein Agio, keine Verwaltungskosten
6. Kurze Laufzeiten
7. Einfache Umschichtung der Lebensversicherung in Gold

Ca. 5.000 Anleger(-innen) überzeugten die Ausführungen der Vermittler und in der jeweilgen Verkaufsbroschüre und so beteiligten sie sich, die Anleger(-innen), die sich später bei uns meldeten, mit Beträgen zwischen 2.000 und 350.000 €.
Dumm nur, dass sich mit der Zeit herausstellte, dass das Angebot der BWF-Stiftung auf „Lug und Trug" gebaut war.
Im Jahr 2015 kam es zu einer Razzia in etlichen Wohn- und Geschäftsräumen der BWF-Stiftung, mehrere Personen kamen in Untersuchungshaft. Die Ermittlungen der Staatsanwaltschaft waren erschütternd: Es stellte sich heraus, dass es sich bei bis zu 95 % des Goldes nicht um echtes Gold handelte, sondern um Falschgold.[18]

Ganz banal gemacht: In Wirklichkeit handelte es sich um „Dummies", also Barren aus anderen, wertlosen Metallen, die einfach mit einer Goldschicht überzogen waren, das andere Metall hatte man einfach überlackiert mit einer feinen Goldschicht.

Kein Wunder, dass die BWF-Stiftung im Anschluss auch Insolvenz anmelden musste.
Mehrere tausend Anleger(-innen) standen somit vor einem Totalverlust (vorbehaltlich einer eventuellen Insolvenzquote, die bis heute noch nicht ausbezahlt wurde).
Schnell machten Verschwörungstheorien bei den Vermittlern die Runde, nämlich, dass die BaFin – also die „Bundesanstalt für Finanzdienstleistungsaufsicht – einen unliebsamen Anbieter „aus dem Verkehr" ziehen wollte, oder aber dass das Gold noch da sei und durch die Insolvenzquote die Verluste vollständig kompensiert werden würden.
Oftmals werden in Kapitalanlagebetrugsfällen solche Verschwörungstheorien von Initiatoren oder Vermittlern gestreut, um von der eigenen Verantwortung bzw. Haftung abzulenken und anderen die Schuld in die Schuhe zu schieben.
Die krudeste Verschwörungstheorie äußerte mir gegenüber der Herausgeber eines Anlegerschutzbriefes:
„Hintermann" der BWF-Stiftung sei ein Wirtschaftsprüfer, der sich persönlich bei dem Betrug der BWF-Stiftung in zigfacher Millionenhöhe bereichert habe.
Das Gold werde in Polen mit dem Zug von einem Ort zum anderen transportiert, bis Gras über die Sache gewachsen sei.
Unsere Kanzlei kam auch in diesem Fall zu dem Ergebnis, dass die besten Chancen darin bestehen würden, gegen die Vermittler der Anlage vorzugehen. Viele Anleger(-innen) wünschten explizit eine sichere Anlage, und viele Anlageberater hatten die Anlage bei der

BWF-Stiftung auch den Anleger(n)(-innen) als sehr sichere, sogar „garantierte" Anlage dargestellt.

Das alleine würde für eine Haftung in vielen Fällen bereits ausreichen, denn Anlageberater schulden immer eine anleger- und objektgerechte Beratung, d. h., die Anlageberater müssen immer die Anlageziele des Anlegers abklären und prüfen, ob die Anlage zu den Anlagezielen des Anlegers/der Anlegerin passte, außerdem schulden sie auch eine eigene „Plausibilitätsprüfung" der Anlage.

Das alleine wurde in vielen Fällen nicht ausreichend beachtet, denn bei der Anlage der BWF-Stiftung handelte es sich nicht um eine sichere Anlage, sondern gerade, wie durch die Insolvenz bestätigt wurde, um eine sehr unsichere Anlage: Das Geschäftsmodell war auch von Anfang an nicht „plausibel".

Diverse Vermittler hatten auch teilweise sehr gut an der Vermittlung der Anlage verdient: Während manche von ihnen nur ca. 5 % Provision erhielten, haben andere, nach Angaben des Insolvenzverwalters, bis zu 20 % Provision für die Vermittlung erhalten.

Das bedeutet im Ergebnis, dass somit in der Regel 5 -20 % des Kapitals der Anleger(-innen) gleich „weg waren" und die versprochene Rendite mit dem restlichen Anlagekapital erwirtschaftet werden musste, was mit einer sicheren Anlage sehr schwierig ist.

Die ersten Prozesse zeigten schnell, dass wir die Situation richtig eingeschätzt hatten und viele Vermittler ihre Pflichten verletzt hatten, denn Gerichte wie z. B. Landgericht Frankfurt/Oder, Cottbus, Frankenthal, Berlin etc. und einige Oberlandesgerichte, z. B. Zweibrücken und Kammergericht Berlin, verurteilten diverse Anlageberater in von uns vertretenen Prozessen zum vollumfänglichen Schadensersatz.

Von ca. 200 Prozessen, die unsere Kanzlei gegen die Vermittler angestrengt hatte, wurden entweder praktisch alle gewonnen oder verglichen, praktisch kein einziger Fall ging verloren.

Viele Vermittler hatten zahlreiche Aufklärungspflichten verletzt und den Anlegern(-innen) zahlreiche Risiken der Anlage nicht richtig erklärt:

Stiftung? Bei der BWF-Stiftung handelte es sich gar nicht um eine echte Stiftung nach dem Stiftungsrecht. Stattdessen wurde vor allem mit dem Begriff „Stiftung" Werbung gemacht, um Anleger(-innen) in Sicherheit zu wiegen und ihnen vorzugaukeln, dass sie es mit einer hochseriösen Stiftung zu tun hätten.

5-10 % garantierte Rendite? Nun, jedenfalls mit einer angeblich sicheren Anlage schwierig oder gar nicht zu erzielen, wie auch viele Gerichte eindeutig feststellten.

Natürlich können mit einer Anlage auch mehr als 5-10 % Rendite erzielt werden, unter Umständen auch 20, 50, 100 oder 1000 % Rendite, doch eines ist klar:

Je höher die Rendite, umso unsicherer ist in der Regel die Anlage, d. h., es besteht die Gefahr, dass das Geld dann im Zweifel „weg" ist.

Auch war der Goldpreis in den letzten Jahren zwischenzeitlich gefallen. Somit konnte es der BWF-Stiftung gar nicht möglich sein, zu garantieren, dass die Anleger(-innen) 5-10 % Rendite erzielen würden.

Die Anleger/-innen sind Eigentümer des Goldes im Insolvenzfall? Auch dies stimmte nicht. Die Anleger(-innen) wurden gar nicht Eigentümer des Goldes und konnten es auch gar nicht werden, weil das Gold nämlich sammelverwahrt wurde.

Mit dem Zwischenhandel sollte immer Geld verdient werden?

Auch hier zeigte sich, dass es sich um ein leeres Versprechen handelte. Immerhin: Für viele Anleger(-innen) kam am Ende des Tages wirklich Geld zurück.

Viele Vermittler zahlten Vergleichssummen von 50 und mehr Prozent, bis hin zu 80 %.

Ein Urteil ist natürlich immer nur so gut wie die Bonität des Schuldners: Was bringt Ihnen ein schönes Urteil, wenn Sie daraus nicht „vollstrecken" können, d. h., der Schuldner oder Berater, wenn Sie ihm den Gerichtsvollzieher vorbei schicken, dann einfach Privatinsolvenz anmeldet?
Gar nichts, dann haben Sie im schlimmsten Fall viel Geld für ein Urteil ausgegeben, das Sie sich an die Wand hängen können. Das war im Fall BWF-Stiftung glücklicherweise größtenteils nicht der Fall.

Was sich nach einem Einzelfall anhört, dürfte, meines Erachtens nach, leider nur die „Spitze des Eisbergs" sein. In den letzten Jahren sind zahlreiche Anbieter von „Goldsparplänen" wie Pilze aus dem Boden geschossen und bieten Anlegern(-innen) dabei an, ihr Geld mit diesen Sparplänen sicher zu vermehren.
Das Problem dabei: Neben seriösen Anbietern dürfte es dabei auch diverse schwarze Schafe, also unseriöse Initiatoren geben. Einige Anbieter von Goldsparplänen dürften auch ganz klar in betrügerischer Absicht handeln, nämlich, dem Anleger/der Anlegerin sein/ihr Geld auf „Nimmerwiedersehen" abzunehmen.
Bei der inzwischen insolventen PIM Gold GmbH hatte die Staatsanwaltschaft Darmstadt z. B. inzwischen Anklage gegen zwei ehemalige Verantwortliche von PIM Gold erhoben, denen Betrug in besonders schwerem Fall vorgeworfen wird.[19]
Das sind schlechte Nachrichten für die ca. 6.500 Gläubiger des Anbieters, der mit Bezeichnungen wie „Goldis Schatztruhe – für eine goldene Zukunft Ihrer Kinder", „das Rhino-Goldkonto – nutzen Sie jetzt schon Ihr Kindergeld, um es in physisches Gold zu tauschen" bei den Anlegern/Anlegerinnen teilweise den Eindruck einer sehr sicheren Anlage erweckte.

In den nächsten Jahren dürfte es daher noch zu diversen weiteren bösen Überraschungen für Anleger(-innen) in Goldsparplänen kommen…

Praxistipp:

- Ein Anlageberater und eine Bank schulden immer eine anleger- und objektgerechte Beratung.
- In vielen Fällen können Vermittler wie Banken und Anlageberater für den Verlust haftbar gemacht werden.
- Prüfen Sie immer, ob beim „Gegner" auch die Vollstreckung gesichert ist, was bei Banken meistens der Fall ist, aber bei freien Vermittlern und Beratern nicht immer.
- Das schönste Urteil bringt Ihnen nämlich nichts, wenn sie anschließend Ihre Wände damit „tapezieren" können, weil beim Gegner „nichts zu holen" ist. Dies sollten Sie immer genau prüfen.
- Gerade bei Goldsparplänen sollten Sie immer genau prüfen, ob die von Initiator und Vermittlern gemachten Angaben seriös und „plausibel" sein können – im Zweifel heißt es: „Finger weg".

1.5 Aber der Schneeball, der rollt ... Ponzi, Madoff & Co.

„Die Gier hat mein Gehirn gefressen"[20] *(Das Opfer eines Schneeballsystems)*

Ihnen allen ist vermutlich der oben bereits erwähnte Begriff „Schneeballsystem" bekannt und das, was man hierunter versteht: Anleger(-innen) investieren in eine Kapitalanlage in der Hoffnung auf hohe Gewinne, in Wirklichkeit machen sie hohe Verluste, weil alte Anleger mit dem Geld neuer Anleger ausbezahlt wurden und der Initiator nie vorhatte, Gewinn für die Anleger(-innen) zu erwirtschaften. Stattdessen bereichern sich Initiatoren, die Schneeballsysteme auflegen, selber an den Geldern der Anleger. Das geht so lange gut, bis nicht mehr genügend neue Anleger(-innen) Geld einzahlen und somit auch das Geld fehlt, um die alten Anleger(-innen) auszubezahlen. Dann bricht das System schlagartig zusammen.

Ponzi, Madoff

Als „Erfinder" des klassischen Schneeballsystems gilt der Italo-Amerikaner Charles Ponzi, der Anfang des 20. Jahrhunderts mit seinem Schneeballsystem in den USA sein Unwesen trieb und ca. 20.000 US-Amerikaner so schwer damit schädigte, dass sogar die Betrugsmasche als „Ponzi-Schema" bekannt wurde. Ponzi wanderte im Jahr 1903 nahezu mittellos in die USA ein und arbeitete zunächst als Kellner. Seine Idee war schließlich um das Jahr 1920 herum, dass Kunden Geld in Postantwortscheine investieren konnten, hierfür gründete er in Boston eine Firma.

Sein Versprechen waren 50 % Gewinn in 45 Tagen oder die Verdopplung des angelegten Kapitals in nur 90 Tagen. Möglich sein sollte das mit dem Aufkauf von „Postantwortscheinen" in Italien und dem Umtausch in den USA gegen Briefmarken.

Innerhalb weniger Monate konnte Ponzi sein Vermögen von einigen Tausend Dollar auf mehrere Millionen Dollar vervielfachen, er pflegte einen ausschweifenden Lebensstil.

Zunächst lief alles gut, denn zusätzliches Vertrauen schuf er dadurch, dass er misstrauischen Anlegern, die ihr Geld wieder haben wollten, dieses inklusive Zinsen wieder ausbezahlte, weshalb viele Anleger(-innen) ihre gesamten Ersparnisse investierten – in der Hoffnung auf hohe Gewinne.

Das System „platzte" schließlich, als mehrere Investoren ihr Geld zurückforderten und es Ponzi nicht gelang, die Gelder wieder auszubezahlen, weil er wohl das Geld nicht in den Kauf von Antwortscheinen investierte, sondern mit dem Geld der neuen Anleger die Ausschüttungen der alten Anleger(-innen) finanzierte.

Der Schadensausmaß wurde schnell deutlich, denn ca. 40.000 Anleger vertrauten Ponzi ca. 15 Millionen Dollar an, was nach heutiger Kaufkraft ca. 150 Mio. Dollar entsprechen würde.[21] Nach seiner Verhaftung konnten lediglich noch 1,5 Mio. Dollar sichergestellt werden. Anleger verloren also fast ihr gesamtes Geld, viele waren ruiniert, hatten sie doch Haus und Hof verpfändet, um an den sagenhaften Gewinnen teilhaben zu können…

Als größter Schneeball-System-Betreiber muss aber natürlich der US-Amerikaner Bernard Madoff gelten. Madoff war jahrzehntelang ein angesehener Investmentmanager und ein angesehenes Mitglied der New Yorker Gesellschaft und betrieb mit seiner Investmentgesellschaft jahrzehntelang das Geschäft, er versprach seinen Kunden hohe Renditen pro Jahr.

Jahrzehntelang ging das gut, bis im Jahr 2008/2009 das System platzte. Der Schaden hier: über 50 Mrd. Dollar.

Geschädigt wurden zum einen viele vermögende US-Amerikaner, aber auch diverse deutsche, österreichische und schweizerische Anleger(-innen), die in das Schneeballsystem investiert hatten.
Madoff wurde anschließend zu 150 Jahren Haft verurteilt, die er noch heute absitzt.

Auch das noch: Hedgefonds K1

In Deutschland gab es kurze Zeit später, im Jahr 2009, einen Hedgefondsskandal, der ebenfalls guten Gewissens als „Schneeballsystem" bezeichnet werden kann.

In den Charts der Fondsbroschüren wurde mitgeteilt, dass die Fonds seit 1996 durchweg hohe Renditen erzielt hätten, was natürlich durchaus verlockend für Investoren war.
K1 arbeitete dabei auch mit renommierten Adressen der Kapitalanlagelandschaft zusammen, so z. B. mit einer bekannten Bank und einer bekannten Lebensversicherung.
Dies war natürlich ein „Ritterschlag" für K1 und schuf zusätzliches Vertrauen bei Anleger(n)(-innen) und führte dazu, dass viele den Eindruck gewannen, dass es sich um ein seriöses Kapitalanlageprodukt handeln musste, wenn so renommierte Häuser mit K1 zusammen arbeiteten.

Verlockend waren aber auch die besonders hohen Provisionen, die den Vermittlern bzw. dem Vertrieb der Produkte bezahlt worden sind. Hier gab es nicht nur sechs Prozent Ausgabeaufschlag, sondern teilweise auch noch eine jährliche Bestandsprovision von 1,75 %.[22] Ein sehr hoher Betrag, der für den Vertrieb natürlich ein starker Anreiz war, eben gerade die K1-Produkte an die Anleger zu vermitteln.

Schnell zeigte sich aber, dass man bei K1 Banken und Investoren aus aller Welt betrogen hatte, Privat-Anleger(-innen) sowie institutionelle Investoren aus Deutschland, Österreich der Schweiz sowie sogar auch Anleger(-innen) aus Asien. Nicht nur die Staatsanwaltschaft Würzburg ermittelte, sondern auch das FBI, die Behörden in Liechtenstein, in der Schweiz und auf den Britischen Jungferninseln. Im Oktober 2009 wurde der Initiator K. festgenommen.

Kurze Zeit später mussten die Hedgefonds K1 Invest und K1 Global, die auf den British Virgin Islands geschäftsansässig waren, Insolvenz anmelden.
Die Gläubigerversammlung, die für die K1-Invest- und K1-Global-Fonds am 01.02.2010 auf den British Virgin Islands stattfand und bei der die von uns ins Leben gerufene „Internationale Anwaltsallianz im Fall K1" teilnahm, offenbarte Erschreckendes:
Zunächst war klar, dass das Insolvenzrecht der British Virgin Islands nicht sehr gläubigerfreundlich sein würde, weil die Anleger(-innen) dort nur sehr beschränkte Mitspracherechte haben.
Das Ausmaß des Desasters wurde offenbar, als der Liquidator Grant Thornton dann bekannt gab, dass beim Fonds K1 Invest von dem angeblichen Fondsvermögen in Höhe von ca. 350 Mio. € bisher nur 260.000,- bis 300.000,- € bei einer Bank in den Niederlanden aufgefunden worden waren, beim Fonds K1 Global von einem Fondsvermögen zwischen 170 -180 Mio. € bis dahin lediglich 5 Mio. €.
Es war unklar, ob noch weitere Vermögenswerte aufgefunden werden würden.
Der Liquidator teilte weiter mit, dass keiner der Beteiligten einen Überblick darüber gehabt habe, in was K1 Global gerade investierte und wo die Investitionen gehalten wurden. Administrator, Direktor und Investment-Manager hatten alle auf Herrn K. als denjenigen verwiesen, der

als Einziger den Überblick behalten habe, und schienen alle seinen Angaben vertraut zu haben.

Eine wirksame Kontrolle hatte hier also überhaupt nicht stattgefunden.

Neu war in dem Fall auch, mit welcher Geschicktheit K1 die BaFin als zuständige Aufsichtsbehörde ausgespielt hatte: Immer wieder wurden von K1 Widersprüche gegen Untersagungsverfügungen eingelegt und die Fondskonstruktionen verändert.

Durch dieses „Katz- und Maus-Spiel" war es K1 auch in Deutschland lange Zeit möglich, etliche Millionen an Anlegergeldern einzusammeln, obwohl die K1-Fonds auf den British Virgin Islands registriert waren, wo nur sehr geringe Überwachungsmechanismen bestehen.

Im Jahr 2011 wurde der Initiator K. dann zu fast 11 Jahren Freiheitsstrafe verurteilt, im Jahr 2017 dann aus der Haft entlassen und der Rest seiner Strafe zur Bewährung ausgesetzt.

Der Geschäftsführer der K1-Fonds Dieter F., der Vorwürfe des Betrugs in Zusammenhang mit den K1-Fonds bestritten hatte und gegen den ein internationaler Haftbefehl bestand, konnte sich seiner Inhaftierung entziehen: Als die Polizei ihn im Juli 2010 auf Mallorca festnehmen wollte, schoss er sich eine Kugel in den Kopf und verstarb wenig später im Krankenhaus...

Leider mussten dann zum Teil wieder die Berater/Vermittler der K1-Fonds, die von uns verklagt wurden, den Schaden wieder gut machen – sowohl freie Vermittler als auch diverse Vermögensverwaltungsgesellschaften. Hier wurden diverse Vergleiche von unserer Kanzlei für Anleger(-innen) geschlossen.

Auch mit einem anderen involvierten Unternehmen konnten wir Vergleiche für die von uns vertretenen Anleger schließen. Hier haben wir allerdings Stillschweigevereinbarungen geschlossen, so dass an dieser Stelle nicht mehr darüber berichtet werden kann.

1.6 Der Wirecard-Skandal: Armutszeugnis für den Anlegerschutz in Deutschland

„Wir stehen erst am Anfang, das beginnt erst richtig anzuziehen."[23] (Dr. Markus Braun, Ex-Vorstandschef von Wirecard, vor der Insolvenz)

Im folgenden Kapitel geht es, liebe Leserinnen und Leser, um den Skandal der Wirecard AG, die sich vom einstigen „Schmuddelkind" des Kapitalmarktes bis zum DAX-Unternehmen empor arbeiten konnte, um dann letztendlich spektakulär in die Insolvenz zu gehen. Beim Wirecard-Skandal handelt es sich nicht nur um einen der größten Anlegerskandale in Deutschland, sondern vermutlich um *den* größten Anlegerskandal der deutschen Nachkriegsgeschichte nach 1945, um eine regelrechte „Katastrophe" für den deutschen Kapitalmarkt. Wie konnte es so weit kommen? Der Wirecard-Skandal legt auch die deutlichen Missstände beim Anlegerschutz in Deutschland offen, die es in Zukunft zu verbessern gilt.

Insolvenz mit Ansage

Im Jahr 2019 gab Wirecard nach wiederholten Vorwürfen der Bilanzmanipulation eine Sonderuntersuchung bei der Wirtschaftsprüfungsgesellschaft KPMG für die Jahre 2016 bis 2018 in Auftrag.
Die Vorwürfe konnten aber von KPMG nicht ausgeräumt werden, aus dem erstellten Gutachten von KPMG ergab sich stattdessen, dass bei Wirecard trotzdem Ungereimtheiten bestanden.

Der langjährige Wirtschaftsprüfer von Wirecard, der seit 2009 die Bilanzen von Wirecard geprüft und für die Jahre 2009 bis 2018 immer ein „uneingeschränktes Testat" ausgestellt hatte, der deutsche Zweig der Wirtschaftsprüfungsgesellschaft EY (ehemals Ernst & Young), der seit 2009 die Bilanzen von Wirecard geprüft hatte, verweigerte daraufhin das Testat für die Bilanz des Geschäftsjahres 2019. EY habe im Rahmen der Abschlussprüfung für das Geschäftsjahr 2019 entdeckt, dass gefälschte Saldenbestätigungen und weitere gefälschte Unterlagen für die Treuhandkonten vorgelegt wurden.
EY teilte mit, dass das Testat für die Jahresbilanz 2019 nun endgültig verweigert wird. Man hege den „begründeten Verdacht, dass auch die uns vorliegenden Saldenbestätigungen des Treuhänders sowie die uns erteilten Auskünfte zu den Kontoständen zum 31. Dezember 2018 falsch waren", erklärten die Prüfer.[24]

Auch der Vorstand von Wirecard räumte am 18. Juni 2020 schließlich ein, dass Bankguthaben auf Treuhandkonten in Höhe von insgesamt ca. 1,9 Milliarden Euro „mit überwiegender Wahrscheinlichkeit nicht bestehen" – einem Betrag, der etwa einem Viertel der Bilanzsumme der Wirecard AG entsprach.[25]

Wirecard nimmt seine vorherige Einschätzung des vorläufigen Ergebnisses des Geschäftsjahres 2019 zurück.
Der langjährige Vorstandsvorsitzende Dr. Markus Braun tritt daraufhin zurück und kommt zunächst in Untersuchungshaft, kurz darauf gegen eine Kaution von 5 Millionen Euro zunächst wieder frei und die Staatsanwaltschaft München nimmt gegen ihn Ermittlungen auf wegen des Vorwurfs der Vortäuschung von Einnahmen und Marktmanipulation (wobei bis zum Beweis des Gegenteils selbstverständlich die Unschuldsvermutung gelten muss).

Auch gegen den weiteren Vorstand von Wirecard, den Chief Operating Officer Jan Marsalek, der als „rechte Hand" von Vorstandschef Markus Braun und Chef des Asiengeschäfts von Wirecard galt und der am 18. Juni 2020 von Wirecard freigestellt wird, wird ein internationaler Haftbefehl erlassen, ihm wird unter anderem Marktmanipulation, Bilanzfälschung und Untreue vorgeworfen, doch er flüchtet (auch für ihn gilt selbstverständlich bis zum Beweis des Gegenteils die Unschuldsvermutung).

Dann geht alles ganz schnell, der Untergang von Wirecard ist besiegelt, das Amtsgericht München eröffnet mit Beschluss vom 25. August 2020 das vorläufige Insolvenzverfahren über das DAX-Unternehmen und ernennt den Rechtsanwalt Michael Jaffé zum vorläufigen Insolvenzverwalter „zur Sicherung des Schuldnervermögens vor nachteiligen Veränderungen". Verfügungen werden demnach nur „mit Zustimmung des vorläufigen Insolvenzverwalters wirksam".

Der Börsenkurs der Wirecard AG stürzt krachend ab: Betrug dieser kurz vor der Insolvenz von Wirecard noch über 90 €, so geht er nach der Insolvenz auf ca. 0,6 € „in die Knie" (Stand Mitte November 2020). Viele Aktionäre haben erheblichste Verluste mit ihren Wirecard-Aktien erlitten, genauso wie Anleger(-innen) der Wirecard-Anleihe, die von Wirecard im Jahr 2019 mit Laufzeit bis 2024 ausgegeben wurde.

Ein zweistelliger Milliardenbetrag an Marktkapitalisierung hatte sich bei Wirecard durch die Insolvenz in Luft aufgelöst.

Vom Kleinanleger bis zum institutionellen Anleger wurden etliche Anleger auf dem „falschen Fuß" erwischt, denn auch große deutsche Fondshäuser investierten bei Wirecard, aber auch andere große institutionelle Anleger.[26] Einige der großen Adressen investierten noch bis kurz vor der Insolvenz und waren von der „Wirecard-Story" überzeugt. Anleger(-innen) sollten auf jeden Fall ihre Forderungen zur Insolvenztabelle anmelden, wobei zu befürchten ist, dass alleine beim Insolvenzverfahren nur ein Bruchteil des Geldes zurückkommt.

Es stellt sich die Frage: Wer ist für den mutmaßlichen Betrug bei Wirecard verantwortlich?
Die Staatsanwaltschaft München jedenfalls wirft den Verantwortlichen vor, seit 2015 die Bilanzen frisiert zu haben.[27]

Die Wirecard-„Saga": Vom „Schmuddelkind" zum Aufstieg in den Börsen-„Olymp"

Die Anfänge von Wirecard waren geprägt von Zahlungsdienstleistungen rund um den Bereich „Glücksspiel" und „Adult Entertainment", sprich, Abwicklung von Zahlungen über das Internet rund um den Bereich Pornografie und Online-Casinos, bei denen es sich Anfang der 2000er Jahre um die ersten Online-Bezahlangebote mit entsprechend großen Marktanteilen handelte.
Ohne Internetpornografie und Online-Casinos hätte es den Finanzkonzern Wirecard vielleicht gar nicht gegeben[28], wird vermutet.
Mit diesen „krisensicheren" Kunden konnte Wirecard seine Expansion beginnen.
Dr. Markus Braun, Sohn eines Volkshochschuldirektors und einer Schullehrerin, der 1995 ein Studium der Wirtschaftsinformatik inklusive Promotion an der Universität Wien abschloss, war seit Anfang der 2000er Jahre bis zum Jahr 2020 Vorstandsvorsitzender.
Jahn Marsalek, der in Wien das Gymnasium besuchte und es ohne Matura, also ohne Abitur, verließ, stößt im Jahr 2000 zu Wirecard und wird im Jahr 2010 zum Vorstandsmitglied, dem „Chief Operating Officer", der neu entstandenen Wirecard AG.
Im weiteren Verlauf versuchte der Wirecard-Konzern sein Schmuddel-Image abzulegen und auch für seriöse Kunden die Zahlungsgeschäfte abzuwickeln, was auch teilweise gelang, durch den großen Ehrgeiz

von Dr. Markus Braun, Jan Marsalek und den weiteren Mitarbeitern von Wirecard war eine große internationale Expansion möglich – bei den von Wirecard angebotenen Dienstleistungen und Produkten im Bereich mobiles Zahlen, z. B. im Bereich E-Commerce, Zahlen mit Kreditkarte, Finanztechnologie, sollte es sich um einen zukunftsträchtigen Wachstumsmarkt handeln.

Der sagenhafte Aufstieg nicht nur von Wirecard, sondern auch von Dr. Markus Braun und Jan Masalek beginnt. Braun war auch größter Einzelaktionär bei Wirecard, was ihn vor der Insolvenz von Wirecard zeitweise zum Milliardär machte.
Auch Jan Marsalek hat durch seine Tätigkeit für Wirecard viel Geld verdient: Sein Vorstandsgehalt bei Wirecard lag zuletzt nicht nur bei jährlichen 2,7 Millionen Euro, sein Vermögen wird auch auf einen dreistelligen Millionenbetrag geschätzt.[29]

Der Börsenkurs der Wirecard-Aktie steigt ebenfalls märchenhaft an, von 1,2 € im Jahr 2005 auf in der Spitze ca. 190 € im August 2018.
Zuletzt wickelte Wirecard als Finanzdienstleister die Geschäfte von rund 250.000 Händlern in der ganzen Welt ab und sorgte mit seiner Software dafür, dass das Geld sicher auf dem Konto des Verkäufers ankommt, das der Kunde per Smartphone oder Kreditkarte im Internet oder an der Ladenkasse ausgegeben hatte. Bei jedem Bezahlvorgang gingen zwischen 1,4 und 1,7 Prozent der Summe an Wirecard. Aldi, Apple, Alibaba, Reiseportale und Hotelketten, aber auch Mastercard und Visa gehörten am Ende zu den großen Kunden von Wirecard.[30]
Zur Wirecard-Gruppe gehörte dabei auch eine Bank, die Wirecard-Bank AG (die übrigens noch nicht in die Insolvenz ging, aber abgewickelt werden soll).

2018 gelingt es Wirecard sogar, die ehrwürdige Commerzbank aus dem Deutschen Aktienindex DAX zu verdrängen und somit in den deutschen „Börsenolymp" aufzusteigen, ein Ritterschlag für das Unternehmen.

Vor der spektakulären Insolvenz war Wirecard zeitweise mit etwa 24 Milliarden Euro Marktkapitalisierung sogar mehr wert als die Deutsche Bank.

Bemerkenswert die jahrelange „Einkaufstour" von Wirecard, in der man schließlich nach Asien und in den Rest der Welt expandierte.

Jedenfalls erreichte Wirecard über Jahre hinweg sein „Ziel", ca. 30 Prozent Wachstum pro Jahr, was damals schon für Misstrauen bei Analysten sorgte, genauso wie trotz Jahr für Jahr höherer ausgewiesener Umsätze, Gewinne und Cashflows auch die Verschuldung von Wirecard rasant anstieg, nämlich die Gesamtverbindlichkeiten zwischen 2010 und 2018 von 260 Millionen auf 3,9 Milliarden Euro anstiegen[31], wofür es keine richtige Erklärung gab.

Kritik gab es übrigens schon lange an Wirecard, seit dem Jahr 2008, in dem Wirecard bereits „Bilanzmanipulation" vorgeworfen wurde – und der Aktienkurs daraufhin kräftig unter Druck geriet.

Auch in den Folgejahren erheben Kritiker wie die Financial Times aus London seit dem Jahr 2015 -aber auch diverse Hedgefonds und Leerverkäufer- immer wieder schwere Vorwürfe gegen Wirecard, worauf der Aktienkurs teilweise deutlich einbricht. Wirecard ist dabei nicht zimperlich, sondern geht rigoros gegen Kritiker vor und verklagt z. B. die Financial Times.[32]

Dem ehrgeizigen Dr. Markus Braun, der öfters im schwarzen Rollkragenpullover auftrat und damit sein Image als „deutscher Steve Jobs" pflegte, gelang es immer wieder aufs Neue, Kritik zu zerstreuen, und er verkündete den Anlegern seine großen Visionen für die nächsten Jahre, die Wirecard zu einem führenden Digital-Konzern in Deutschland machen sollten. „Wir stehen erst am Anfang, das beginnt erst richtig anzuziehen" teilte er mit.

In der nahen Zukunft, in der bei immer geringerem Umfang von Bargeldbezahlungen oder gar drohendem Bargeldverbot immer mehr Bezahlvorgänge durch virtuelles Bezahlen abgewickelt werden würden, würde es für einen Zahlungsdiensteabwickler wie Wirecard weltweit viel umsatzträchtiges Geschäft geben...

Skurrile „Deals" bei Wirecard: Wo sind die 1,9 Milliarden?

Dabei gab es diverses merkwürdiges Geschäftsgebahren bei Wirecard:

So übernahm Wirecard z. B. im Jahr 2015 in Indien eine Firmengruppe für ca. 340 Millionen Euro inklusive Erfolgsprämie, bei der der wichtigste Teil der Gruppe kurz vor der Übernahme von einem in Mauritius ansässigen Fonds für ca. 40 Millionen Euro gekauft wurde – der die Firma dann für ein Vielfaches des Kaufpreises an Wirecard weiterreichte.[33]

Es stellt sich Frage: Wie kann das sein?
Hatte man sich hier bei Wirecard beim Verkauf „betuppen" lassen, also nicht bemerkt, dass man eventuell einen viel zu hohen Kaufpreis für das Unternehmen bezahlt hatte, oder rechtfertigten die zu erwartenden hohen Wachstumsraten auch einen exorbitant hohen Kaufpreis beim Kauf des Unternehmens?
Oder ging beim Verkauf doch nicht alles mit rechten Dingen zu, hatten

sich beim Verkauf des Unternehmens eventuell Dritte auf Kosten von Wirecard und somit letztendlich auf Kosten der Anleger bereichert, also bei dem Durchhandeln des Unternehmens einen satten Millionengewinn erzielt?

Ein noch schlimmerer Verdacht:

Waren eventuell sogar Personen aus dem Wirecard-Umfeld bei dem Verkaufs-„Deal" involviert und haben selber beim Verkauf des Unternehmens kräftig mitverdient?

Es wird auch der Verdacht geäußert, dass bei dem Verkauf der Wirecard-Vorstand Jan Marsalek involviert gewesen sein könnte[34] und somit ebenfalls kräftig „Kasse gemacht" haben könnte bei der anschließenden Veräußerung an Wirecard.

Und die nicht auffindbaren 1,9 Milliarden?

Nun, ein wichtiges Standbein für Wirecard war das Geschäft mit sog. „Drittpartnern".

Wollte Wirecard außerhalb Europas Zahlungen abwickeln, dann vermittelte das Unternehmen die Kunden gegen eine umsatzabhängige Provision oft an Partnerfirmen, diese Provisionen machten zuletzt einen wesentlichen Teil des Umsatzes von Wirecard aus.

Diese Provisionen wurden aber nicht direkt auf Geschäftskonten von Wirecard überwiesen, sondern sie sollen von den Partnerfirmen auf Treuhandkonten hinterlegt worden sein – in der Summe die fast 2 Mrd. Euro[35] – die, wie sich nun herausstellt, nicht (mehr) da sind.

Stellt sich die Frage: Waren die ca. 1,9 Mrd. Euro nie auf dem Treuhandkonto in Asien? Hat man also bei Wirecard Guthaben vorgetäuscht, um sich größer und bedeutungsvoller zu machen, als man war, eventuell um international an noch größere Geschäftspartner heranzukommen und die fehlenden 1,9 Mrd. schließlich auszugleichen?

Waren die 1,9 Mrd. Euro vielleicht einmal da und sind im weiteren

Verlauf von weiteren Akteuren, z. B. aus dem Wirecard-Umfeld, veruntreut worden?

Hier bleibt weiter viel Aufklärungsbedarf in der Zukunft. Es bleibt zu hoffen, dass Staatsanwaltschaften und Ermittlungsbehörden „Licht ins Dunkel" bringen werden.

Das Versagen der BaFin

Bemerkenswert auch die Rolle der Bundesanstalt für Finanzdienstleistungsaufsicht (BaFin) im Fall Wirecard:

Schon in anderen Anlagebetrugsfällen wie den Anlegerskandal-Fällen „S & K" oder „P & R-Container" hatte sich die BaFin nicht unbedingt mit „Ruhm bekleckert", sondern war lange Zeit durch Untätigkeit aufgefallen.

Nun, Untätigkeit kann man der BaFin im Fall Wirecard in der Tat nicht nachsagen, aber anders als gedacht:

Die BaFin und andere Aufsichtsbehörden wurden nicht gegen Wirecard aktiv, obwohl es bis zum Schluss etliche Strafanzeigen gegen Wirecard gab.

Bei der BaFin berief man sich darauf, als Finanzdienstleistungsaufsicht nicht direkt für die Muttergesellschaft des Wirecard-Konzerns, die Wirecard AG, zuständig zu sein, sondern nur für die Wirecard-Bank als Finanzdienstleistungsunternehmen.

Obwohl Wirecard nach eigenen Angaben in einem Jahr Transaktionen von über hundert Milliarden Euro abwickelte, galt der Konzern in den Augen der BaFin nicht als Finanzholding, sondern BaFin, Bundesbank und Europäische Zentralbank, die sich die Aufsicht teilten, stuften den Konzern auch nach nochmaliger Prüfung als Technologieunternehmen ein.[36] Eine meiner Ansicht nach zweifelhafte Erklärung, weil der Wirecard-Konzern ja als Aktiengesellschaft am Kapitalmarkt tätig war und somit, meiner Ansicht nach, doch wieder eine Zuständigkeit der BaFin eröffnet worden sein könnte.

Stattdessen musste man von Seiten der BaFin, als der Verdacht von Unregelmäßigkeiten aufkam, die Deutsche Prüfstelle für Rechnungslegung (DPR) mit weiteren Ermittlungen beim Wirecard-Konzern beauftragen – ein privatrechtlich organisierter Verein, der auch bis zur Insolvenz von Wirecard kein Ergebnis vorgelegt hatte.

Stattdessen wurde im Jahr 2019 von der BaFin ein Leerverkaufsverbot betreffend Wirecard erlassen, was bedeutet, dass man also ein Verbot erlassen hatte, auf fallende Wirecard-Kurse zu spekulieren, ein bisher einmaliger Vorgang in Deutschland.

Wirecard wurde also von der BaFin mit „Samthandschuhen" angefasst und stattdessen den Kritikern das Leben schwer gemacht, was allerdings natürlich zum Teil dem Umstand geschuldet war, dass Wirecard als deutscher „Aushänge-Zukunftskonzern" in München und in Deutschland gehalten werden sollte und dem deutschen Hoffnungsträger das Leben nicht allzu schwer gemacht werden sollte.

Eine schwere Abwägung musste also bei der BaFin getroffen werden, wer geschützt werden sollte, Wirecard oder die Kritiker, die, ehrlich gesagt, auch teilweise mit Leerverkäufen bei Wirecard viel Geld verdienen wollten.

Wie sich inzwischen heraus gestellt hat, hatte man sich bei der BaFin dabei für die falsche Seite entschieden, nämlich für Wirecard.

Die BaFin wurde ihrer Rolle im Wirecard-Skandal somit also nicht gerecht. BaFin-Chef Felix Hufeld räumte auch zunächst Versäumnisse ein:

„Wir sind nicht effektiv genug gewesen, um zu verhindern, dass so etwas passiert", äußerte er sich und sprach von einem *„Desaster".*[37]

Bei eindeutiger Zuständigkeitsverteilung wäre es, meiner Ansicht nach, vermutlich möglich gewesen, bei Wirecard deutlich früher dem mutmaßlichen Betrug auf die Schliche zu kommen – ein schweres Versäumnis, das in Zukunft dringend mit eindeutigen und effektiveren Zuständigkeitskompetenzen bei den Aufsichtsbehörden korrigiert werden muss.

Wirecard und die Geheimdienste und die Organisierte Kriminalität, merkwürdiger Toter rund um Wirecard

Anruf des Kanzlei-Partners einer uns bekannten Kanzlei, die ebenfalls im Wirecard-Skandal geschädigte Anleger vertritt.
Der Kollege teilte uns mit, dass die Kanzlei, kurz nachdem man begonnen hatte, im größeren Stil Anleger im Wirecard-Skandal zu vertreten, Opfer einer massiven Cyber-Attacke geworden sei, die fast die gesamte EDV der Kanzlei lahmgelegt hätte.
Es sei ihm klar, so der Kollege, dass die Cyberattacke im Zusammenhang mit der Arbeit der Kanzlei im Fallkomplex Wirecard stehen würde. Als man sich umgehend an Polizei und Staatsanwaltschaft gewandt hatte, sei dort kurze Zeit später die Nachricht gekommen, dass man solche Fälle dort ständig zu bearbeiten hätte, dies also nichts Besonderes sei und die Ermittlungen sich hinziehen dürften.
Kurze Zeit später sei man von der zuständigen Ermittlungsbehörde erneut kontaktiert worden:
Man habe sich den Fall inzwischen genauer angesehen, eine derart schwerwiegende Cyberattacke hätte man dort noch nie bearbeitet! Hinter der Cyberattacke, deren Opfer die Kanzlei wurde, müssten auf jeden Fall staatliche Stellen stecken. Man hätte daher sofort eine Sonderermittlungsgruppe gegründet:
Wir kommen zur Rolle der Geheimdienste und der Organisierten Kriminalität im Wirecard-Skandal.

Nun, internationale Geheimdienste oder sogar die Organisierte Kriminalität könnten durchaus einen guten Anteil an der „Wirecard-Story" gehabt haben.

So wird z. B. über eine Zusammenarbeit von Marsalek mit Geheimdiensten, wie z. B. dem russischen Geheimdienst, spekuliert. So wird überlegt, ob Marsalek nicht eine Art Zahlungskurier für Russland gewesen sein könnte. Es wird sogar geäußert, dass Marsalek sich in Russland in Obhut des russischen Geheimdienstes aufhalten könnte.[38]

Steckbrief zu Jan Marsalek des Polizeipräsidiums München

Es stellt sich die Frage: Welches Interesse könnten internationale Geheimdienste an Wirecard gehabt haben?

Nun, ein international tätiges Zahlungsdienstabwicklungs-Unternehmen wie Wirecard könnte durchaus von erheblichem Interesse für internationale Geheimdienste gewesen sein, zum Beispiel zur Informationsgewinnung. Bei einer Zusammenarbeit mit einem Zahlungsdienstabwickler wie Wirecard könnte es Geheimdiensten natürlich leicht gelingen, sensible Informationen über das Einkaufs- und Zahlungsverhalten von Gegnern zu gewinnen, d. h., welche „Erwachsenen-Internetseite" z. B. ein Gegner besucht hat, welche legalen und illegalen Einkäufe er über das Internet getätigt hat, Informationen über Pornografie, Geldwäschegeschäfte, Waffengeschäfte sind hierdurch leicht zu erhalten – Informationen mit durchaus großem Informationsgehalt für Geheimdienste.

Ob Wirecard eventuell auch für verdeckte Zahlungsabwicklungen für Geheimdienstoperationen benutzt worden sein könnte, bleibt natürlich spekulativ, auch wenn es nicht ausgeschlossen scheint, dass internationale Geheimdienste Wirecard für den Geldtransfer von verdeckten Operationen benutzt haben könnten.

Nicht ausgeschlossen werden kann auch, dass Wirecard – bewusst oder unbewusst für Wirecard – in größerem Umfang für „sensible" Zahlungen der Organisierten Kriminalität benutzt worden sein könnte und somit Wirecard in größerem Umfang in „Geldwäsche" involviert gewesen sein könnte. Es bleibt also zu hoffen, dass Untersuchungen bei der Theorie, dass Wirecard für sensible Zahlungen von Geheimdiensten, die nicht ans Tageslicht kommen sollten, oder gar in gewissem Umfang als „Geldwaschanlage" für die Organisierte Kriminalität benutzt worden sein könnte, noch mehr Licht ins Dunkel bringen werden.

Erstaunlich auch ein merkwürdiger Toter rund um Wirecard:
Auf Manila soll vor kurzem der 44-jährige Christopher B. plötzlich verstorben sein,[39] der eine der zentralen Figuren im Wirecard-Skandal war. Christopher B. betrieb auf den Philippinen ein Busunternehmen und war noch vor einiger Zeit ein wichtiger Geschäftspartner von Wirecard. Er betrieb nämlich Payeasy, eine Firma, die offiziell einer der wichtigsten Geschäftspartner von Wirecard war, denn laut Bilanz 2018 soll der in Manila ansässige Zahlungsabwickler knapp 300 Mio. € zum Konzernumsatz beigesteuert und mehr als ein Fünftel des Gewinns von Wirecard eingebracht haben.[40]
Der vorher offensichtlich kerngesunde Christopher B. hatte, nachdem die philippinischen Behörden im Juni bekannt gegeben hatten, dass sie gegen B. und dessen Frau Belinda im Rahmen einer Untersuchung ermitteln würden, Angaben zufolge einen Schwächeanfall erlitten und soll dann wohl auch plötzlich eines „natürlichen Todes" verstorben sein und – man höre und staune – seine Leiche auch offensichtlich gleich verbrannt worden sein, denn seine Tochter soll ein Foto einer Urne mit seinem Namen gepostet haben.[41]
Nun, dieser bemerkenswerte Todesfall hat nun offensichtlich auch das philippinische Justizministerium zu genaueren Recherchen veranlasst, denn so soll dieses inzwischen Ermittlungen aufgenommen haben, ob es sich bei dem Toten wirklich um Christopher B. handelt und ob die Sterbedokumente echt seien und ggf. wolle man eine Obduktion durchführen.[42] Fragt sich nur wie, bei angeblich verbrannter Leiche?

Damit ist natürlich noch nicht gesagt, dass dieser Tod wirklich mit Wirecard in Verbindung steht, jedenfalls bleibt zu hoffen und ist interessant, was Ermittlungsbehörden über diesen Tod ans Tageslicht fördern.

Es bleibt daher abzuwarten, ob sich die Spekulationen erhärten oder nicht. Meine Prognose ist jedenfalls, dass in Sachen Wirecard in den nächsten Monaten und Jahren noch zahlreiche „dunkle Geheimnisse" ans Tageslicht kommen könnten.

Wie bekommen die Anleger nun ihr Geld zurück?

Es stellt sich nun die Frage: Wie und vom wem erhalten die Anleger(-innen) nun ihr verlorenes Geld zurück?
Klagen gegen Wirecard selber dürften nach der Insolvenz wenig erfolgversprechend sein.
Auch Klagen gegen das ehemalige Management können versucht werden, hält unsere Kanzlei aber für nicht besonders aussichtsreich angesichts der Tatsache, dass Schadensersatzforderungen in Milliardenhöhe auf das ehemalige Management wie den Ex-Vorstand Dr. Markus Braun oder den flüchtigen Jan Marsalek zukommen könnten, das Vermögen aber z. B. von Dr. Markus Braun nach der Insolvenz stark geschrumpft sein dürfte.

In den Fokus von Anlegeranwälten rücken daher Gegner mit den „tiefen Taschen", also Gegner, die solvent genug sind, um mögliche Schadensersatzansprüche auch wirklich zu „bedienen".

Hier kommen z. B. Amtshaftungs-Klagen gegen die BaFin in Betracht, die in dem Fall in Gestalt der Deutschen Prüfstelle für Rechnungslegung (DPR) unserer Ansicht nach keine gute Rolle eingenommen hat.
Klagen gegen die BaFin sind schwierig, denn die BaFin wird grundsätzlich nach dem Aufsichtsgesetz nur im „öffentlichen Interesse"

tätig. Es müsste auch ein Verschulden nachgewiesen werden und Schadensersatzklagen gegen die BaFin waren in der Vergangenheit bisher nicht erfolgreich.

Ob sich dies im Fall Wirecard anders darstellt, die Norm dann nicht greifen könnte, wenn „die BaFin einen Amtsmissbrauch begangen hat" und sie diesen begangen habe, z. B. weil sie nur selektiv ermittelt und den Markt unausgewogen informiert haben könnte, bleibt abzuwarten.

Unsere Kanzlei hat daher auch inzwischen mit einer Partnerkanzlei erste Amtshaftungs-Klagen für geschädigte Wirecard-Aktionäre gegen die BaFin eingereicht.

Die Vorwürfe unserer Kanzlei richten sich dahin, dass es ein Versäumnis der BaFin war, dass sie Wirecard nicht als Finanzholding einstufte und somit nur die Banktochter des Konzerns direkt beaufsichtigt wurde und auch dem Verdacht der Bilanzmanipulation nicht ernsthaft genug nachgegangen ist.

Rückenwind bekommen die Kläger inzwischen von der ESMA, der Europäischen Wertpapier- und Marktaufsichtsbehörde, die inzwischen einen kritischen Bericht zur Rolle der BaFin in der Wirecard-Affäre veröffentlichte. Die ESMA bemängelte unter anderem die einseitige Ermittlung gegen die Financial Times (FT) und Investoren.[43]

Die BaFin wiederum argumentiert in einem von ihr in Auftrag gegebenen Rechtsgutachten zu ihrer Rolle im Wirecard-Skandal damit, dass sie nicht einfach selbst ein Prüfverfahren an sich ziehen könne, wenn es einen Betrugsverdacht geben würde, vielmehr müsse zunächst die DPR prüfen und im Zweifel Anzeige erstatten.

Die DPR wiederum argumentiert damit, dass sie gar nicht die Mittel habe, um einem Betrugsverdacht nachzugehen.[44]

Hier wird also Verantwortung von der einen Stelle auf die andere geschoben und es bleibt auf jeden Fall spannend, wie sich die Klagen entwickeln und letztendlich von den Gerichten entschieden werden. Auf jeden Fall wäre, sofern die Klagen von Aktionären erfolgreich sein sollten, eine anschließende „Vollstreckung" aussichtsreich, denn eine „Insolvenz" der BaFin droht nicht, weil letztendlich der Staat haften würde.

Sollten die Klagen also erfolgreich sein, so würde den Schaden der klagenden Anleger(-innen) also der Staat und somit letztendlich der Steuerzahler tragen.

Wirtschaftsprüfungsgesellschaft EY im Fokus

Außerdem hat unsere Kanzlei inzwischen mit einer mit uns zusammen arbeitenden Partnerkanzlei zahlreiche Klagen für geschädigte Anleger gegen die Wirtschaftsprüfungsgesellschaft EY (ehemals Ernst & Young) eingereicht.
Wirtschaftsprüfungsgesellschaften rücken in den letzten Jahren bei Anlegerklagen von geschädigten Anlegern/-innen immer mehr in den Fokus, denn durch ihr Testat bestätigen sie letztendlich, dass die Bilanzen des geprüften Unternehmens „in Ordnung" sind.
Im Fall Wirecard hatte die WP-Gesellschaft Ernst & Young über viele Jahre hinweg die Bilanzen von Wirecard testiert, bis letztendlich dann im Jahr 2020 das Testat für das Jahr 2019 verweigert wurde.

Somit stellt sich uns als Anlegeranwälten die Frage: Warum hatte Ernst & Young die „Fantasiebuchungen" von Wirecard nicht bemerkt bzw. nicht erkannt, dass die von Wirecard angegebenen 1,9 Milliarden Euro offensichtlich gar nicht auf dem Treuhandkonto vorhanden waren, zumal es bei Wirecard schon seit Jahren Kritiker gab und der Vorwurf der Bilanzmanipulation im Raum stand?

Gemäß § 322 Abs. 2 i.V.m. Abs. 3 und 4 HBG ist von einer Wirtschaftsprüfungsgesellschaft nur dann ein uneingeschränkter Bestätigungsvermerk zu erteilen, wenn der Konzernabschluss und damit auch der Lagebericht unter der Beachtung der Grundsätze ordnungsgemäßer Buchführung und auch ansonsten maßgeblichen Rechnungslegungsgrundsätze ein den tatsächlichen Verhältnissen entsprechendes Bild der Vermögens- und Finanz- und Ertragslage des Unternehmens bzw. des Konzerns vermittelt.

Dabei geht es nicht nur darum, dass der Lagebericht klar und verständlich ist, sondern auch darum, dass wirtschaftliche Schwierigkeiten des Konzerns nicht verharmlost oder verschleiert werden dürfen (Andernfalls darf der Bestätigungsvermerk nur mit Einschränkungen oder auch gar nicht erteilt werden, siehe OLG Dresden vom 30.06.2011, Az. 8 U 163/08).

Laut dem in Deutschland geltenden Prüfungsstandard 302 muss ein Abschlussprüfer Saldenbestätigungen über Bankkonten auch selbst anfordern und entgegennehmen. Spielraum gibt es aber wieder, wenn z. B. das interne Kontrollsystem des Mandanten als gut genug bewertet wird.

Danach muss der gesamte Prozess in der Hand des Prüfers liegen.

Ernst & Young argumentiert damit, dass es im Fall Wirecard Zeichen von konspirativem Betrug gab, der oft mit umfangreichen Anstrengungen einhergehe, systematisch und in großem Stil Unterlagen zu fälschen und es auch mit umfangreich erweiterten Prüfungshandlungen unter Umständen nicht möglich sei, diese Art von konspirativem Betrug aufzudecken.[45]

Nun, unsere Kanzlei überzeugen diese Argumente nicht vollständig, weshalb wir gemeinsam mit unserer Partnerkanzlei bereits ca. 300

Klagen für geschädigte Wirecard-Aktionäre gegen EY eingereicht haben.

Anleger(-innen) können Wirtschaftsprüfer dabei, neben anderen Haftungsnormen, vor allem gemäß § 826 BGB, der sog. „vorsätzlichen sittenwidrigen Schädigung", auf Schadensersatz verklagen.

Zwar ist natürlich eher nicht davon auszugehen, dass Mitarbeiter von Ernst & Young *bewusst vorsätzlich* handelten, also *wissentlich* falsche Testate ausstellten, allerdings reicht bei § 826 BGB ein „grob leichtfertiges Verhalten", um sich gegenüber der Anlegerin/dem Anleger schadensersatzpflichtig zu machen.

Ein „grob leichtfertiges Verhalten" liegt dabei bereits vor, wenn der Wirtschaftsprüfer seine Augen gleichsam verschließt vor Umständen, die durch seine fehlerhafte Testierung zu einem Schaden der Anlegerin/des Anlegers führen dürften/könnten.

Das Landgericht Dresden hatte in einem recht aktuellen Urteil vom 30.11.2018 mit dem Az. 9 O 2762/16 ausgeführt:

„Sittenwidrigkeit liegt im Rahmen der Erteilung von Bestätigungsvermerken durch Wirtschaftsprüfer vor, wenn der Handelnde, der mit Rücksicht auf sein Ansehen oder seinen Beruf eine Vertrauensstellung einnimmt, bei der Erteilung des Testates in einem solchen Maße Leichtfertigkeit an den Tag gelegt hat, dass sie als Gewissenlosigkeit zu werten ist (vgl. BGH, Urteil vom 26.11.1986- Iva ZR 86/85, NJW 1987, 1758 ff.; BGHZ 145, 187, 202; BGH, Urteil vom 15.12.2005-III ZR 424/04, Rn. 31, zitiert nach juris)... Dies ist insbesondere dann der Fall, wenn sich der Wirtschaftsprüfer leichtfertig und gewissenlos über erkannte Bedenken hinwegsetzt, bewusst auf eine unerlässliche eigene Prüfung verzichtet (OLG Bremen, a.a.O m.w.N) oder sich grob

fahrlässig der Einsicht in die Unrichtigkeit seines Bestätigungsvermerks verschließt… Dies kann auch darin liegen, dass Prüfergebnisse ungeprüft übernommen werden… Entscheidend ist, dass der Abschlussprüfer – etwa durch nachlässige Ermittlungen oder gar durch „ins Blaue hinein" gemachte Angaben – eine Rücksichtslosigkeit gegenüber dem Adressaten des Gutachtens oder den in seinem Informationsbereich stehenden Dritten an den Tag gelegt hat, die angesichts der Bedeutung, die das Gutachten bzw. Testat für deren Entschließung hatte, und der in Anspruch genommenen Kompetenz als gewissenlos bezeichnet werden muss…"

Die uneingeschränkte Erteilung eines Bestätigungsvermerks trotz Vorliegens von Unterlagen, die auf einen Ausfall … schließen lassen, und es als leichtfertig und gewissenlos einordnen lassen, fällt damit in den subjektiven Haftungstatbestand des § 826 BGB.

Nun, diese Voraussetzungen könnten unserer Ansicht nach im Fall Wirecard in Bezug auf die Wirtschaftsprüfungsgesellschaft EY erfüllt sein, da für EY, unserer Ansicht nach, Umstände bestanden, die dort zwingend zu Bedenken hätten führen müssen, weshalb die obigen Klagen gegen E & Y eingereicht wurden.

Der in den von uns mitangestrengten Klagen vorliegende Schaden der Anlegerinnen und Anleger liegt dabei in der Differenz zwischen dem Wert der Aktie beim Kauf und dem aktuellen Kursniveau.

Sollten unsere Klagen (und die Klagen zahlreicher anderer Kanzleien, die ebenfalls gegen EY inzwischen Klage eingereicht haben), erfolgreich sein, so dürfte EY jedenfalls aus „Vollstreckungsgesichtspunkten" ein interessanter Gegner für Anleger(-innen), die beim Wirecard-Debakel Geld verloren haben, sein.

Fazit: Das Wirecard-Debakel ist ein Desaster für den deutschen Kapitalmarkt und hat ihm schweren Schaden zugefügt: Internationale Investoren wenden sich ab und dürften in Zukunft deutlich schwerer für eine Investition in deutsche Zukunftswerte zu begeistern sein.
Dabei ist ein funktionierender Kapitalmarkt in Deutschland dringend erforderlich und wirklich zukunftsträchtige Unternehmen (zu denen Wirecard nicht zählte) sind auf internationales Kapital auch in Zukunft dringend angewiesen, gerade auch um Unternehmen in Zukunftsbrachen die Möglichkeit zu geben, international mit Wachstums-Unternehmen, z. B. aus den USA, mitzuhalten.
Minister Scholz hat inzwischen reagiert und einen Umbau der Finanzaufsicht BaFin angekündigt: Die Bundesanstalt müsse ein unmittelbares Durchgriffsrecht bekommen und das bisherige zweistufige Prüfverfahren müsse abgeschafft werden. Scholz teilte mit, die BaFin brauche die Möglichkeit, jederzeit Sonderprüfungen in großem Umfang durchführen zu können, außerdem soll sie mehr Durchgriffsrecht bei der Kontrolle von Bilanzen erhalten, unabhängig davon, ob der Konzern eine Banksparte hat oder nicht. Große Zahlungsdienstleister sollten generell der Finanzaufsicht unterliegen.[46]
Das ist gut so und unerlässlich, um in Zukunft einen sauberen Kapitalmarkt in Deutschland zu ermöglichen und weitere Anlegerskandale, wie im Fall Wirecard, zu verhindern.
Auch im Skandalfall Wirecard sind geschädigte Anleger(-innen) aber nicht chancenlos, sondern sie haben die Möglichkeit, ihren Schaden außergerichtlich und gerichtlich von verschiedenen Gegnern zurückzufordern, wobei gegen diverse Klagegegner Klagen durchaus aussichtsreich sein könnten und auch eine anschließende Vollstreckung aussichtsreich sein könnte – was schließlich das Wichtigste nach einem gewonnenen Prozess ist.

Fakten und meine Forderungen:

- Die BaFin hat, meiner Meinung nach, im Fall Wirecard versagt. In Zukunft muss eine bessere Prüfung von Unternehmen des Kapitalmarktes erfolgen. Die BaFin muss auch finanziell besser ausgestattet werden und die Prüfung und Durchsetzung von Ansprüchen darf nicht an Zuständigkeitsproblemen scheitern.
- Die BaFin muss in Zukunft stärker der Rolle des Anlegerschutzes gerecht werden.
- Wirtschaftsprüfer werden von den Unternehmen selber beauftragt. Damit ist keine unabhängige Prüfung möglich, die Beauftragung der WP-Gesellschaft zur Prüfung müsste in Zukunft von unabhängigen Dritten erfolgen, bezahlt werden könnte die Beauftragung aus einem Pool.
- Die Beratung und Prüfung der Unternehmen dürfte in Zukunft nicht im selben Haus erfolgen.
- Die Prüfer sollten alle 3-6 Jahre wechseln, um eine unabhängige Prüfung zu gewährleisten.
- Das Wirecard-Debakel ist ein Desaster für den deutschen Kapitalmarkt: Internationale Investoren wenden sich ab.
Dabei ist ein funktionierender Kapitalmarkt in Deutschland dringend erforderlich und wirklich zukunftsträchtige Unternehmen aus Deutschland (zu denen Wirecard nicht zählte) sind auf internationales Kapital auch in Zukunft dringend angewiesen, gerade auch um Unternehmen in Zukunftsbrachen die Möglichkeit zu geben, international mit Wachstums-Unternehmen, z. B. aus den USA, mitzuhalten.
- Anleger(-innen) haben vielfältige Möglichkeiten, um außergerichtlich und gerichtlich Schadensersatz von diversen Gegnern zu fordern.

1.7 Die neue Dimension des Kapitalanlagebetrugs mit ICOs und Co.

„Ein Betrug treibt den nächsten hervor." (Sprichwort)

Die neue Blockchain-Technologie könnte in Zukunft nicht nur viele Lebensbereiche wie Verwaltung, Energiebranche etc. revolutionieren, sondern auch die Finanzbranche.
Bei der Blockchain handelt es sich um eine kontinuierlich erweiterbare Liste von Datensätzen, die mittels kryptographischer Verfahren miteinander verkettet sind.

Diese neue Technologie hat inzwischen auch eine neue Finanzierungsmöglichkeit erschaffen in Form sog. „Initial Coin Offerings", kurz ICOs. Hierbei werden sog. „Token", also virtuelles Geld, ausgegeben, das die Anleger(-innen) bei einem ICO erhalten.
Mit diesen Token erhalten Anleger(-innen) dann im günstigsten Fall eine seriöse Wert- und Zahlungseinheit, die einen reellen Wert verkörpert, im schlechtesten Fall ein virtuelles Zahlungsinstrument, mit dem sich nicht mehr anfangen lässt als mit Monopoly-Spielgeld.
Für ein junges „Start-up"-Unternehmen hat ein Initial Coin Offering, ICO, viele Vorteile:
Es kann oftmals schnell und unbürokratisch auf demokratischem Wege über Landesgrenzen hinweg viel Geld einsammeln, teilweise 5, 10 oder gar 50 Mio. €, die Aufsichtsbehörden legten bei ICOs auch noch nicht allzu viele Hindernisse in den Weg.
Ein umfangreicher Verkaufsprospekt ist, wenn der Token richtig ausgestaltet ist, oftmals nicht erforderlich, vorgestellt wird das Geschäftsmodell für den ICO stattdessen in einem „Whitepaper", in der Regel eine kleinere Verkaufs-Broschüre.

Durchgeführt wurden/werden ICOs z. B. für Kryptowährungsbörsen, kleinere Versicherungsunternehmen, Unternehmen, die Bezahlung über die Blockchain anbieten wollen, bis hin zum Unternehmen, das in den „Markt für Unsterblichkeitsprodukte" einsteigen wollte (im Ernst!). An seriösen und weniger seriösen, harmlosen, langweiligen und total verrückten Ideen herrscht somit kein Mangel, was ich selber sagen kann, weil sich bei uns auch einige Unternehmen gemeldet hatten, die einen ICO durchführen wollten.

Diagramm Emissionsvolumen von ICOs 2016-2018

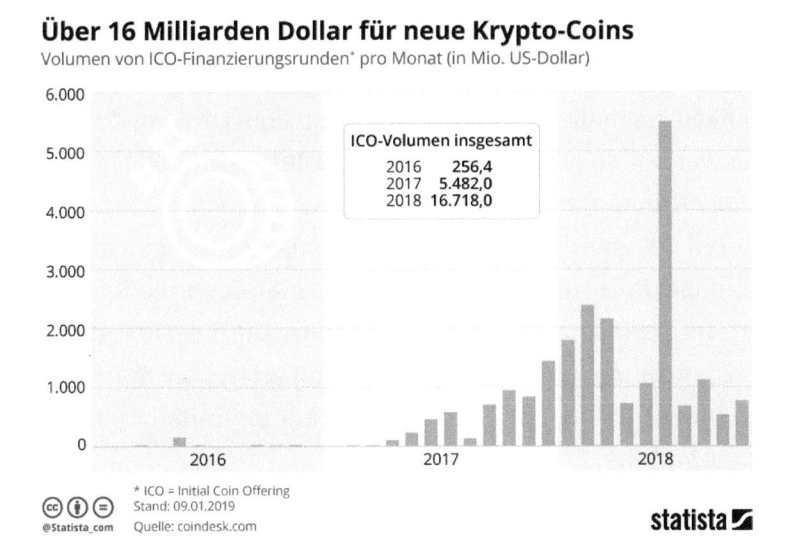

Über 16 Milliarden Dollar für neue Krypto-Coins
Volumen von ICO-Finanzierungsrunden* pro Monat (in Mio. US-Dollar)

ICO-Volumen insgesamt	
2016	256,4
2017	5.482,0
2018	16.718,0

* ICO = Initial Coin Offering
Stand: 09.01.2019
Quelle: coindesk.com

statista

Quelle: Statista, URL: https://de.statista.com/infografik/11517/volumen-von-ico-finanzierungs-runden-pro-monat/, Abruf am 09.12.2020

Verheerende Bilanz für Anleger(-innen) mit ICOs

Das Problem bei ICOs: Der Anlegerschutz bleibt allzu oft „auf der Strecke", denn inzwischen zeigt sich, dass neue Formen der Kapitalaufnahme wie ICOs auch Betrügern völlig neue Möglichkeiten geben, um Anleger(-innen) schnell „abzukassieren".

In vielen Fällen bekommen Anleger(-innen) bei einem ICO nicht das, was sie sich davon versprechen: Oftmals bleiben die Gewinne komplett hinter den Erwartungen zurück und die Anleger(-innen) stehen anschließend vor einem „Trümmerhaufen", nämlich dem Totalverlust. Eine Untersuchung des Boston College kam schon im Juli 2018 zu dem Ergebnis, dass mehr als die Hälfte der Start-ups, die mithilfe von ICOs Geld einsammelten, bereits vier Monate später am Ende waren.[47] Über 50 % der durchgeführten ICOs war somit nicht erfolgreich und Anleger(-innen), die hier ihr Geld investiert hatten, hatten hohe Verluste bis hin zum Totalverlust zu verschmerzen.

Die Gründe dafür sind vielfältig:
In diversen Fällen kam es zu Hackerattacken und von vorneherein verschwanden bis zu 30 % der Token in dubiosen Kanälen auf Nimmerwiedersehen.
Bei „The DAO" erleichterten Hacker 2016 den 150 Mio. Dollar schweren Blockchain-Fonds um ein Drittel seines Vermögens.[48]

In vielen Fällen sind die Geschäftsmodelle auch völlig unbrauchbar oder von vorneherein zum Scheitern verurteilt: Oftmals lässt auch die Qualifikation der verantwortlichen Gründer eindeutig zu wünschen übrig oder in diversen Fällen werden die Geschäftsmodelle einfach zu aufschneiderisch vermarktet, haben also lange nicht das Potenzial, das ihnen im „Whitepaper" eingeräumt wird, in vielen Fällen liegt und lag auch schlicht und ergreifend Betrug vor.

Oftmals haben es die Unternehmensverantwortlichen leider nur darauf abgesehen, schnell Geld einzusammeln und sich damit „aus dem Staub" zu machen.

Beispiele aus der noch jungen Welt der ICOs?

Das Unternehmen Envion wollte das sog. „Mining" in mobile Computer verlegen, die an Kraftwerke angeschlossen werden.

Somit sollte billiger Strom gewonnen werden und das Mining deutlich günstiger durchgeführt werden können. Das Investment sollte den Anleger(-inne)n eine hohe jährliche Rendite bescheren.

Ca. 30.000 Anleger(-innen) erwarben Anteile, sog. Tokens, für ca. einen US-Dollar pro Stück, insgesamt war von bis zu ca. 100 Millionen US-Dollar die Rede.[49]

Für die Anleger(-innen) endete das „Abenteuer" jedoch im Desaster: Die geplanten Umsätze lösten sich in „Luft" auf. So hatte Envion bis August 2018 nach wie vor keinen Umsatz erzielt, der Anteil der Token, für den Anleger(-innen) 1 US-Dollar bezahlt hatten, „schmierte" ab, vor einiger Zeit musste auch das Liquidationsverfahren für Envion in der Schweiz eingeleitet werden und Anleger(-innen) konnten ihre Forderungen anmelden und vermutlich froh sein, wenn sie nach Abschluss des Liquidationsverfahrens noch einen Bruchteil ihres ursprünglich eingesetzten Kapitals zurückerhalten.

Mittlerweile laufen schon Schadensersatz-Klagen von Investoren, die sich wegen behaupteten Prospektversprechens getäuscht fühlen.

Was lief aus dem Ruder beim ICO aus der Karibik?

Bei einem anderen Anbieter, dessen Name hier nicht genannt werden soll, sollten die Token von einem anderen Dienstleister mit Sitz in einem Staat in der Karibik eingesammelt werden und an die Emittentin übertragen werden.
Die Gelder wurden direkt an einen Zahlungsdienstleister bzw. eine Bank in Osteuropa überwiesen.

Die Emittentin behauptete nun, dass die Gelder nicht von dem Dienstleister weitergeleitet wurden und äußerte den Verdacht, dass die Gelder veruntreut wurden.
Die Gelder wurden daraufhin wegen Verdachts auf Geldwäsche von dem litauischen Zahlungsdienstleister blockiert. Das Dienstleistungsunternehmen wollte das SAFT-Agreement nun rückabwickeln, wobei ca. 48 % der investierten Gelder nach und nach zurückgezahlt werden sollten, sobald die litauische Bank die Gelder wieder frei gibt.
In den beiden Anwaltsschreiben der deutschen Kanzlei, die die Emittentin inzwischen eingeschaltet hatte, um die Strukturierung einer Rückabwicklung des SAFT-Agreements vorzunehmen, und in der Stellungnahme des Vorstands der Emittentin aus dem Dezember 2018, die uns vorliegen, zeigt sich das Ausmaß des Schadens:
So habe im Rahmen der Vereinbarung, die eine Verkaufskommission darstellen soll, der Dienstleister die Verpflichtung gehabt, die eingeworbenen Gelder von Anlegern an die Emittentin auszukehren, sobald diese eine Rechnung erstellt und die Verpflichtungen des Dienstleistungsunternehmens gegenüber den Anleger(-inne)n wirksam übernommen hätte.
So habe der Mehrheitsgesellschafter der Emittentin den Dienstleister im Rahmen des geschlossenen Abwicklungsverhältnisses angewiesen,

die von den Investoren erhaltenen Gelder in Kryptowährungen zu konvertieren. Der Vorstand des Dienstleisters habe dabei zwar Bedenken geäußert, sei aber der Weisung gefolgt und habe Teile der von den Anlegern erhaltenen Beträge in Kryptowährungen umgewandelt.

Dann ist die Situation laut dem Anwaltsschreiben anscheinend vollständig aus dem Ruder gelaufen. Denn so soll im Oktober 2018 der Mehrheitsgesellschafter der Emittentin den CEO der Dienstleistungsfirma und dessen Ehefrau bei einem Aufenthalt in Berlin in ihrer Wohnung „überfallen" haben, wobei der CEO der Dienstleistungsfirma vom Mehrheitsgesellschafter der Emittentin dazu aufgefordert worden sein soll, die in Kryptowährungen umgetauschten Gelder auf ein Privatkonto des Mehrheitsgesellschafters der Emittentin zu übertragen. Bei diesem Überfall seien dem CEO unter Einsatz einer Waffe erhebliche Verletzungen zugefügt worden, weshalb gegen den Mehrheitsgesellschafter der Emittentin ein Strafverfahren wegen schwerer räuberischer Erpressung eingeleitet worden sein soll und das Dienstleistungsunternehmen die Zusammenarbeit mit der Emittentin und deren Mehrheitsgesellschafter mit sofortiger Wirkung beendet habe.

Ob die Vorwürfe nun zutreffend sind oder nicht – auch der Mehrheitsgesellschafter der Emittentin erhob inzwischen wohl seinerseits schwere Vorwürfe gegen das Dienstleistungsunternehmen und bis zum Beweis des Gegenteils muss natürlich die Unschuldsvermutung gelten, so ist es jedenfalls sehr wahrscheinlich, dass die Anleger/-innen auch bei diesem ICO erhebliche Verluste erleiden werden, denn laut dem Anwaltsschreiben sollen von der kontoführenden Bank, soweit diese ihre Zustimmung erteilt, mindestens 48 % des ursprünglich gezahlten Kaufpreises zurückgezahlt werden, was aber im Umkehrschluss bedeutet, dass die Anleger/-innen über 50 % ihres angelegten Geldes zu verlieren drohen.

Anlegern, die einen weiteren Betrag zurückerhalten wollen, drohen wohl schwierige juristische Auseinandersetzungen, denn die „SAFT"-Agreements, die die Anleger(-innen) mit dem Dienstleistungsunternehmen abgeschlossen haben, richten sich wohl nach dem Recht des Staates in der Karibik.

Für die Anleger(-innen) wird es also schon schwierig sein, überhaupt den Sachverhalt genau aufzuklären oder wer mit seinen Vorwürfen nun recht hat und ggf., falls die Anleger(-innen) in der Karibik gegen welche Verantwortlichen auch immer klagen müssten, ihr Geld vollständig zurückzuerhalten.

Schlechte „Bilanz" für Anleger(-innen) in Sachen ICOs, erstes „ICO-Urteil" in Deutschland

Gerade beim Thema ICO ist es für Anleger(-innen) somit besonders schwer, die Spreu vom Weizen zu trennen und seriöse von unseriösen Anbietern zu unterscheiden, auch wenn natürlich nicht jeder ICO schlecht oder gar betrügerisch ist.

Sehr ungünstig kann es für Anleger(-innen) dann auch sein, wenn sich der Firmensitz und unter Umständen auch der Wohn- oder Unternehmenssitz der verantwortlichen Personen im Ausland befindet, denn zahlreiche ICOs wurden/werden vom Ausland aus wie der Schweiz, Malta, Gibraltar oder anderen Ländern durchgeführt.

Hier bahnt sich also vermutlich eine neue Betrugswelle an, bei der zigtausende Anleger(-innen) ihr Geld bei schlecht durchgeführten oder gar betrügerischen ICOs bereits verloren haben oder noch verlieren werden. Ob die inzwischen als neue Idee gehypten „Security token offerings", STOs, mehr Sicherheit bieten werden, bleibt abzuwarten.

Immerhin gibt es inzwischen ein erstes Urteil im Envion-Skandal (sozusagen ein erstes „ICO-Urteil" in Deutschland, wenn man so will), in dem das Landgericht Berlin in einem noch nicht rechtskräftigen Urteil mit dem Aktenzeichen 2 O 322/18 die Verantwortlichen verurteilt hatte, dem dortigen Kläger sein Investment vollständig zuzüglich Zinsen zurückzuzahlen.[50] Durch das Urteil wird bestätigt, dass auch bei einem virtuellen Börsengang wie einem ICO die Grundsätze des deutschen Prospekthaftungsrechts gelten, die in der Rechtsprechung schon seit vielen Jahren auch für andere Kapitalanlageprodukte gelten, obwohl das öffentliche Angebot von Envion Unternehmensangaben zufolge auf die Schweiz und die USA beschränkt war.

Das Urteil ist, wie gesagt, noch nicht rechtskräftig. Es lässt aber vermuten, dass Anleger(-innen), die vom Ausland aus mit einem ICO angesprochen wurden, trotzdem in vielen Fällen auch in Deutschland mit den deutschen Rechtsgrundlagen Schadensersatzansprüche geltend machen können.

Praxistipp:

- Prüfen Sie die Geschäftsidee des Unternehmens, das den ICO durchführen will:
  Ist diese plausibel und zukunftsträchtig? Falls nicht: Finger weg!
- Macht das Management einen vertrauenswürdigen und erfahrenen Eindruck? Ist schon Erfahrung in dem Geschäftszweig vorhanden oder handelt es sich um Newcomer ohne Erfahrung?
- Welchen Eindruck macht das „Whitepaper?" Werden das Geschäftsmodell und auch die Risiken des ICO umfassend dargestellt?
- Um welche Form von Token handelt es sich eigentlich? Nur bei

sog. Utility-Token ist ein White-Paper ausreichend, ansonsten oftmals ein Verkaufsprospekt oder Wertpapierinformationsblatt erforderlich.
- Werden die besonderen Risiken, die sich im Zusammenhang mit einem ICO bzw. „Token-Sale" ergeben könnten, dargestellt, z. B. Risiken von Hacking etc.?
- Wo sitzen der Anbieter und die Initiatoren? Im Inland oder im Ausland? Falls das Letztere der Fall ist, könnten Sie Schwierigkeiten bei der Rechtsdurchsetzung im Ausland haben oder erheblich höhere Kosten für die Rechtsverfolgung auf Sie zukommen durch höhere Anwalts- und Gerichtskosten.
- Das erste Urteil in Deutschland in Sachen Envion legt nahe, dass geschädigte Anleger(-innen) eines ICO`s oftmals auch vor deutschen Gerichten gegen die Verantwortlichen klagen könnten, und oftmals auch die deutschen Prospekthaftungsansprüche anwendbar sein dürften, auch wenn der Emittent oder die Verantwortlichen sich im Ausland befinden.

1.8 CFDs: Achtung, auch hier ist das Geld oft weg!

„Geld: Der beste Köder, um nach Menschen zu fischen."[51] (Thomas Fuller, englischer Historiker)

Heutzutage ist es kein Problem, über das Internet Zugang zu den weltweiten Finanzmärkten zu erhalten.
Insbesondere sog. „CFD-Trading"-Plattformen versprechen der Anlegerin/dem Anleger dabei hohe Gewinne.
Mit CFDs, sog. „Contracts for Difference", kann man dabei mit geringem Einsatz auf die Kursdifferenzen von Währungen wie Dollar

oder Euro, Gold, Aktien, Rohstoffen oder auch z. B. Kryptowährungen setzen und dabei im Optimalfall hohe Gewinne erzielen.

Das Interessante dabei ist, dass bei CFDs nur ein Bruchteil des Einsatzes erforderlich ist, der bei der Investition in den zugrunde liegenden Basiswert erforderlich wäre, um von den Kurssteigerungen zu partizipieren. Der Schlüssel ist die sog. „Hebelwirkung", aufgrund der die Anleger(-innen) von Kurssteigerungen in erheblich größerem Ausmaß profitieren, denn der „Trader", sprich Anleger, kann hierbei mit geringem Eigenkapitaleinsatz aufgrund der Hebelwirkung von der Kursentwicklung des Basiswertes profitieren.

Allerdings wirkt die „Hebelwirkung" nicht nur in die eine Richtung, sondern auch in die andere Richtung, so dass der Einsatz des „Traders" schnell verloren ist und sie/er dann einen Totalverlust zu erleiden hat, es sei denn, sie/er schießt weiteres Geld nach, um die Verluste zu kompensieren und doch noch von mutmaßlichen anschließenden positiven Kursentwicklungen zu profitieren.

Zahlreiche CFD-Plattformen und -Broker wollen daher der Anlegerin/dem Anleger mit professioneller Beratung zur Verfügung stehen, damit sie/er die sich bietenden Chancen im CFD-Markt bestmöglich nutzen kann, um hohe Gewinne zu erwirtschaften und keine Verluste zu erleiden.

Die Adressen dieser CFD-Broker sind dabei oftmals an bekannten Finanzmärkten wie Frankfurt am Main, Zürich, London, New York oder auch Singapur und vermitteln dem/der interessierten Anleger(-in) den Eindruck, es mit einem renommierten und professionellen Anbieter zu tun zu haben.

Teilweise findet sich auf der jeweiligen Website auch der Hinweis, dass der Anbieter schon seit etlichen Jahren erfolgreich für Anleger(-innen) tätig wäre.

Wenn die/der Anleger(-in) dann über diese Internetseite Kontakt aufnimmt, meldet sich oftmals ein „Berater" bei ihm/ihr, der ihm/ihr bei der professionellen Anlage in CFDs behilflich sein will.
In anderen Fällen meldet sich der Berater gleich per „Cold calling", d. h. mit einem ungebetenen Anruf, bei der Anlegerin/dem Anleger und versucht, sie/ihn zu einer Anlage in CFDs zu überzeugen.

Oftmals wird dem Interessierten dabei geraten, zunächst einen kleinen Betrag zu investieren, z. B. 250-500,- €. In vielen Fällen erzielt die Anlegerin/der Anleger damit dann einen Gewinn und ist dazu bereit, deutlich höhere Summen zu investieren.

Schön und gut, das Problem dabei ist nur, dass die Risiken für die/den Anleger(-in) im CFD-Markt exorbitant hoch sind und oftmals hohe Verluste bis hin zum Totalverlust im Raum stehen.
Der CFD-Markt selber hält, wie oben beschrieben, schon zahlreiche Verlustrisiken bereit, die sich aufgrund der oben beschriebenen Hebelwirkung dann schnell potenzieren können.

Es gibt teilweise Anbieter, die äußerst unseriös arbeiten und der/dem Anleger(-in) im Internet die Kursentwicklung des zugrunde liegenden Basiswertes präsentieren und dabei betrügerisch vorgehen, indem sie die am Bildschirm sichtbare Kursentwicklung präsentieren und teils manipulieren, nämlich der/dem Anleger(-in) eine gefälschte negative Kursentwicklung präsentieren, um sie/ihn zum Nachschießen von Geldern zu bewegen. Der Anleger/die Anlegerin ist hier schnell in der „Falle" und versucht in seiner/ihrer Verzweiflung, die Kursverluste zu reduzieren oder gar zu kompensieren, indem er/sie weiteres Geld investiert – bei dem dann ebenfalls die Gefahr besteht, dass es wieder weg ist.

Es gibt Fälle, bei denen bei den CFD-Brokern auch eine klare „Interessenkollision" vorliegt, indem sie von einer negativen Kursentwicklung profitieren, d. h., Gewinne erzielen, während der/die Anleger(-in) selber mit dem zugrunde liegenden Basiswert Verluste erleidet.

Allerdings ist auch dies leider nur die „Spitze des Eisbergs":
Gerade in letzter Zeit schießen, meiner Beobachtung nach, CFD-Anbieter „wie Pilze aus dem Boden", die von vorneherein unseriös oder gar betrügerisch arbeiten und der Totalverlust des Anlegers/der Anlegerin „vorprogrammiert" ist:
In vielen Fällen sind diese Anbieter laut Website im Ausland ansässig, oftmals auch im außereuropäischen Ausland wie in der Karibik oder sogar auf noch weiter entfernt liegenden Zielen, z. B. auf den Marschall-Inseln.
Teilweise verfügen diese Anbieter noch nicht einmal über ein „Impressum", d. h., die/der Anleger(-in) kann überhaupt nicht erkennen, wer die wirklichen Verantwortlichen hinter dem Angebot sind.
Die Website dieser Anbieter wendet sich oftmals nur an deutsche Anleger(-innen) und ist nur in deutscher Sprache abrufbar.
Höchste Vorsicht ist hier von vorneherein angebracht.
Die „Berater", die sich dann beim Anleger melden, sprechen natürlich perfekt Deutsch und sind auch oftmals Deutsche und geben auch oftmals deutsche E-Mail-Adressen und Telefonnummern für Rückfragen an.
Viele sind auch wirklich mit Kapitalmarktthemen versiert und schaffen so Vertrauen beim Anleger/der Anlegerin und geben ihm/ihr das Gefühl, es wirklich mit einem „Profi" zu tun zu haben bzw. mit jemandem, der sein Geschäft versteht.
Diverse Berater wollen der Anlegerin/dem Anleger auch eine hauseigene CFD-Software auf dem Computer installieren, damit sie/er

nicht nur die Kurse verfolgen kann, sondern auch immer ganz aktuell reagieren kann.

Wenn der Anleger/die Anlegerin dann weitere Beträge überweist, oftmals auf Konten im Ausland, dann bricht der Kontakt leider oftmals abrupt ab. D. h., der „Berater" ist dann oftmals nicht mehr erreichbar, weder per E-Mail noch telefonisch, in vielen Fällen ist dann auch bereits die Website des Anbieters im Ausland abgeschaltet.
In vielen Fällen stellt sich dann im Nachhinein heraus, dass das Geld des Anlegers gar nicht, wie behauptet, in CFDs investiert wurde, sondern gleich von den Verantwortlichen veruntreut wurde.
In diesen Fällen steht die/der Anleger(-in) buchstäblich vor einem „Trümmerhaufen" und wird erhebliche Schwierigkeiten haben, ihr/sein investiertes Kapital zurückzuerhalten, da die Verantwortlichen sich teilweise schon „aus dem Staub" gemacht und Spuren verwischt haben.

Fälle wie die der Trading-Plattformen XTradersFX, Cryptopoint, SafeMarkets oder OptionStarsGlobal, bei denen zehntausende Anleger(-innen) um mehr als 100 Mio. € geprellt wurden und bei denen es Polizei und Staatsanwaltschaft vor kurzem in einer groß angelegten Aktion namens „Action Day" gelungen ist, zwei internationale Tätergruppen in der bulgarischen Hauptstadt Sofia und der serbischen Hauptstadt Belgrad auszuheben[52], sind leider die Ausnahme.
In diesen Fällen wurden Anleger(-innen) über Internethandelsplattformen zur Anlage motiviert und ihnen wurde vorgetäuscht, dass das Geld in Kryptowährungen und Finanzinstrumente wie CFDs investiert werden sollte. Die angelegten Anlegergelder wurden aber gar nicht investiert, sondern gleich auf die Konten der kriminellen Betreiber weitergeleitet. Die für den Kunden sichtbaren Handelsplattformen

waren von den Tätern „manipuliert", d. h., dem Kunden wurden falsche Kursentwicklungen vorgegaukelt und auch, dass sie/er hohe Verluste erlitten hätte, um sie/ihn zum Überweisen weiterer Beträge zu bewegen.

Immerhin konnte in diesem Fall laut Angaben der Staatsanwaltschaft Bamberg ein Betrag in Höhe von ca. 2,5 Mio. € auf dem Konto des inzwischen insolventen Zahlungsdienstleisters Wirecard beschlagnahmt werden.[53]

In diesem Fall besteht für die Geschädigten somit die theoretische Möglichkeit, wenigstens einen Bruchteil ihres angelegten Geldes zurückzuerhalten, ein „Tropfen auf den heißen Stein", wenn man bedenkt, dass die Verluste der Anleger(-innen) sich auf über 100 Mio. € belaufen dürften. Und sehr fraglich ist, ob von den oftmals ausländischen Kriminellen nach Abschluss des Strafverfahrens noch weitere Gelder zurückzuerhalten sind.

Weniger Glück hatten z. B. die Anleger(-innen) des Anbieters „Chris Gardner Group" mit angeblicher Geschäftsadresse in Kopenhagen.

Wer hier nun darauf vertraute, dass das Unternehmen von dem bekannten US-amerikanischen Unternehmer und Selfmade-Millionär gleichen Namens „ins Leben gerufen" wurde und somit seriös sein würde, war leider auf dem Holzweg, denn mit dem Unternehmer Chris Gardner hatte das Unternehmen rein gar nichts zu tun.

Das Unternehmen warb auf seiner ehemaligen und inzwischen abgeschalteten Internetseite www.chrisgardnergroup.com mit „10 Jahre Qualitätsservice im Finanzbereich" – was leider komplett erfunden war.

Weiter wurde bei Anlegern(-innen) versucht, Vertrauen aufzubauen, indem unter der Rubrik „Unser Beratungsteam" eine ganze Reihe angeblicher Verantwortlicher der Chris Gardner Group mit Fotos aufgelistet war. Allerdings gehörten die Fotos auf der Website, die teilweise mit „Senior Analyst", „Prof. ...", Founder" etc. angegeben waren, nicht den Mitarbeitern der Chris Gardner Group, auch wenn die Personen auf den Fotos wirklich existierten. Wer aber z. B. über die „Google-Fotosuche" nach den aufgelisteten Portrait-Fotos suchte, wurde schnell fündig und entdeckte, dass die Fotos in Wirklichkeit zu ganz anderen Personen gehörten, entweder Mitarbeitern von anderen amerikanischen Finanzfirmen, die nichts mit der „Chris Gardner Group" zu tun hatten, oder aber anderen Person, die überhaupt nicht im Finanzbereich tätig waren. Das Unternehmen stellte also nur Fotos von anderen Personen mit falschen Namen auf die Homepage, um den Anlegern(-innen) eine weitere Sicherheit zu vermitteln, die überhaupt nicht gegeben war.

Wertlose Werbeversprechen der falschen Chris Gardner Group

Kontaktiert wurden interessierte Anleger(-innen) z. B., indem sie der „Chris Gardner Group" eine E-Mail schrieben. Anschließend meldete sich ein deutscher „Berater". Oder die Anleger(-innen) wurden gleich per Cold-Calling kontaktiert und ihnen wurde von den sehr guten Gewinnmöglichkeiten im CFD-Markt vorgeschwärmt oder es wurden ihnen Aktien zum Kauf empfohlen, die angeblich vor Übernahmen etc. stehen würden und in Kürze „durch die Decke" gehen würden, also stark im Wert steigen würden.

Die von der „Chris Gardner Group" an die Anleger(-innen) übersandten Verträge sahen übrigens durchaus recht professionell aus – mit einem ausführlichen „Risikohinweis", in dem auf die Chancen und Risiken der Anlage hingewiesen wurde, dem Hinweis, dass nicht mehr als 5-10 % des Vermögens in die Anlagen investiert werden solle, „Risiken" im CFD-Handel und von Unternehmensbeteiligungen bis hin zu einem „Haftungsausschluss", in dem Anleger(-innen) auch ausdrücklich darauf hingewiesen wurden, dass der Vertrag dem Recht von Kopenhagen, Dänemark, unterliegen würde und dem Hinweis, dass die Parteien im Fall von Streitigkeiten zwischen den Vertragspartnern ausschließlich „Deutschland" als Gerichtsstand vereinbaren würden. Abschließend wurde noch ein „vertrauliches" Schriftstück zur Feststellung der wirtschaftlich berechtigten Person(en) übersandt, das vom/von der Anleger(-in) unterzeichnet werden sollte und in dem auch ausdrücklich darüber informiert wurde, dass vorsätzlich falsche Angaben gemäß „Art." 251 StGB (Urkundenfälschung) strafbar seien.

Auch hier wurde interessierten Anleger(-innen) der Eindruck vermittelt, es mit einem seriösen Anbieter zu tun zu haben, der seine Pflichten und die der Anleger sehr ernst nehmen würde und dazu bereit wäre, seine vertraglichen Pflichten zu erfüllen, auch wenn hier dem vorsichtigen Anleger bereits Ungereimtheiten auffallen konnten, denn so handelt es sich selbstverständlich z. B. nicht um „Art." 251 BGG, sondern die Urkundenfälschung ist in § (für Paragraph) 267 Strafgesetzbuch (StGB) geregelt.

Nachdem dann Mandanten den Vertrag samt Risikohinweisen unterzeichnet und Gelder überwiesen hatten für das angebliche CFD-Trading oder aber für Aktienkäufe, wurden sie schnell dazu angehalten, weitere Gelder zu überweisen, um noch größere Gewinne zu erzielen.

Leider stellten dann Mandanten von uns fest, dass die empfohlenen Aktien, für die sie bezahlt hatten, ihnen nicht ins Depot gebucht wurden. Andere Anleger(-innen), die ihr Geld aus dem CFD-Trading, bei dem sie angeblich Gewinne erzielt hätten, zurück haben wollten, wurden vertröstet, indem ihnen mitgeteilt wurde, dass es leider aufgrund „behördlicher Vorgaben" in Dänemark zu Auszahlungsverzögerungen kommen würde oder dass man ihre Beschwerde an die „Compliance-Abteilung" der Chris Gardner Group in den USA weitergeleitet hätte, was noch einige Zeit in Anspruch nehmen würde.

So hatte man hier bei der „Chris Gardner Group" nochmals wertvolle Zeit gewonnen, um die „Zelte" letztendlich „abzubrechen", denn selbstverständlich gab es gar keine „Compliance-Abteilung". Anschließend waren aber weder die deutschen Berater noch die Chris Gardner Group selbst in Dänemark erreichbar, die Website des Unternehmens wurde einfach abgeschaltet.

Wer nun glaubt, dass er in einem solchen Fall gute Chancen hat, sein Geld zurückzuerhalten, indem er zivilrechtliche oder auch strafrechtliche Schritte gegen das Unternehmen einleitet, muss leider enttäuscht werden, denn bei dem „Briefkastenunternehmen" selbst ist selbstverständlich kein Geld mehr „zu holen" und natürlich sind die Verantwortlichen, weil sie von vorneherein ihre Identität zu verschleiern versuchen und von anderen Ländern wie Italien, Russland, den USA aus operieren, in derartigen Fällen nicht zu ermitteln.

Ermittlungen zum Kontoinhaber führen hier nicht weiter, weil oftmals bei der Kontoeröffnung gleich gefälschte Dokumente vorgelegt werden. Bei den „Beratern", die die Anlegerin/den Anleger telefonisch kontaktieren, handelt es sich oftmals um reine Call-Center-Mitarbeiter, die mit den Tätern „im Bunde" sind, also voll über den Betrug informiert sind.

Recherchen unserer Kanzlei zu den Verantwortlichen der Chris Gardner

Group brachten denn auch zu Tage, dass es sich, wie erwartet, nur um eine nicht existente Scheinfirma unter einer reinen Briefkastenadresse handelte. Inhaber der Domain war eine Treuhandfirma in Panama, an die nicht heran zu kommen war.

Telefonnummern, die bei der Kontaktaufnahme mit den Geschädigten eingerichtet und verwendet wurden, wurden unter falschem Namen registriert, wie z. B. „Bon Jovi".

Strafverfahren werden in derartigen Fällen von Staatsanwaltschaften oftmals überhaupt nicht weiterverfolgt, weil die Täter nicht ermittelt werden können und aufgrund der international aufgestellten Betrugsmasche über mehrere Länder von den Staatsanwaltschaften umfangreiche und arbeitsintensive Rechtshilfeersuchen gestellt werden müssten, die oftmals unverhältnismäßig sind wegen fehlender Aussicht auf Erfolg, sondern gleich nach § 170 Abs. 2 Strafprozessordnung (StPO) eingestellt (so auch im Fall der Chris Gardner Group).

Der Geschädigte hat hier also wirklich schlechte „Karten", um sein Geld zurückzuerhalten, den einzigen kleinen Ausweg bietet in derartigen Fällen ein Vorgehen gegen die Banken oder Zahlungsdienstleister, bei denen von den Tätern Konten eingerichtet wurden oder Gelder weitergeleitet wurden.

So sind Banken und Zahlungsdienstleister aufgrund der aktuellen Geldwäschevorschriften zur Prüfung der Identität des Kunden verpflichtet und bei Zweifeln, d. h., wenn sich ihnen Verdachtsmomente aufdrängen, dürfen sie dem Kunden kein Konto eröffnen.

In diversen Fällen sind die Banken hier, meiner Ansicht nach, sehr leichtfertig vorgegangen und haben bei der Kontoeröffnung für den Anbieter die „Augen" gleichsam „verschlossen" und ihnen hätte sich in diversen Fällen aufdrängen müssen, dass Betrug im Spiel ist und erhebliche Gefahr für die Anlegergelder besteht, weshalb unsere Kanzlei inzwischen in einigen Fällen dazu übergegangen ist, die Banken und Zahlungsdienstleister zum Schadensersatz aufzufordern. Immerhin war eine Aktiengesellschaft, deren Aktien die Chris Gardner Group unserem Mandanten vermittelt hatte, dazu bereit, den Anlagebetrag in voller Höhe zurückzuerstatten, als unsere Kanzlei strafrechtliche Schritte angedroht hatte.

Praxistipp:

- Höchste Vorsicht bei Cold Calling oder ungebetenem Kontakt per E-Mail: Finger weg von einem derartigen Angebot!
- Ist ein Impressum vorhanden?
  Bei vielen Angeboten ist auf der Website des Anbieters noch nicht einmal das erforderliche Impressum ersichtlich, d. h., der Anleger kann gar nicht erkennen, welche Personen wirklich hinter dem Angebot „stecken" – „Finger weg".
- Hat der Anbieter die erforderliche Erlaubnis der Aufsichtsbehörden wie z. B. der Bafin?
  Anbieter von Handelsplattformen benötigen die erforderliche Erlaubnis der Aufsichtsbehörden, d. h., in Deutschland der BaFin, also der „Bundesanstalt für Finanzdienstleistungsaufsicht".
  Sehen Sie also auf der Website der BaFin nach oder fragen Sie dort nach, ob der Anbieter wirklich über die erforderliche Erlaubnis der BaFin verfügt.
  Verlassen Sie sich nicht alleine auf die Angaben des Anbieters! Es gab Fälle, wo gefälschte Bestätigungen vorgelegt wurden.
  Wenn der Anbieter also nicht über die erforderliche Erlaubnis der Aufsichtsbehörden verfügt: Finger weg!

- Suchen Sie nach Warnhinweisen im Internet;
  Geben Sie den Namen bei Google ein. Doch Achtung: Positive Bewertungen könnten gefälscht sein.
  Lassen Sie sich auch keine CFD-Software auf Ihrem Computer aufspielen!
- Gibt es Warnhinweise von Aufsichtsbehörden?
  Finger weg von dem Angebot bei Warnhinweisen von Aufsichtsbehörden, z. B. im Internet.
- Höchste Vorsicht bei Anbietern aus dem Ausland! Gerade wenn sich der Anbieter im außereuropäischen Ausland, wie z. B. in der Karibik, auf den Marschall-Inseln etc. befindet, besteht große Gefahr für das angelegte Geld.
  Umso schwieriger ist es aber dann für die Anlegerin/den Anleger, juristische Ansprüche durchzusetzen.

1.9 Anlagen genau prüfen, weitere Verluste vermeiden

„Die haben das Geld ihres Lebens verdient." (Ein Anlagebetrüger über die Vermittler)

Unseriöse Anbieter und Betrüger arbeiten hochprofessionell

Ich bin immer wieder erstaunt, wie es möglich ist, dass sich manche Betrugsmodelle teils über sehr lange Zeit, manchmal viele Jahre, halten können.
Die Antwort ist erstaunlich einfach:
Bei vielen Betrugsmodellen zeigt sich erst nach einigen Jahren, dass kein Geld mehr da ist.

Bei Betrügereien werden oftmals den Anleger(-inne)n in den ersten Jahren die vereinbarten Ausschüttungen von 4, 6 oder 8 % ausgekehrt. Dies dient auch der Vertrauensbildung, denn zum einen kann man so Neuanlegern gegenüber angeben, dass die versprochenen Renditen ausbezahlt wurden, zum anderen kann man so auch kritische Erstanleger zur nochmaligen Anlage eines größeren Betrages, motivieren: Viele Anleger(-innen) investieren z. B. bei Anleihen oder auch Optionsgeschäften erst einmal einen kleineren Betrag, um zu sehen, wie sich die Anlage entwickelt. Wenn die vereinbarten Zinsen dann ausbezahlt werden, denken sie, dass die Anlage ja seriös und vertrauenserweckend ist und werfen alle Hemmungen über Bord und investieren einen großen Betrag. Leider ist das Geld dann anschließend oft weg, wenn – teilweise nach Jahren – der Firma das Geld ausgeht, weil keine neuen Anleger mehr für das „Schneeballsystem" gewonnen werden können und somit die alten Anleger(-innen) nicht mehr mit dem Geld der neuen Anleger ausbezahlt werden können.

Es gibt noch mehrere andere Gründe: Viele Betrugsfirmen verstehen sich auf die neuen Medien wie Internet, Skype etc.

Während Staatsanwaltschaften oder Aufsichtsbehörden bei neuen Medien oft hinterherhinken, treten Anlagebetrüger hier oftmals hochprofessionell auf.

So gibt es bei diversen Betrugsfällen teilweise gekaufte oder gar komplett erfundene Bewertungen im Internet.

Beispiel MDM-Group: Wer die Website der MDM-Group öffnete, erblickte sofort Bilder von hocherfreuten Anlegern, die das Geschäftsmodell anpriesen und mitteilten, dass sie mit der Arbeit, dem Service und der Rendite bei der MDM-Group hochzufrieden seien.

Diese hochzufriedenen Kunden gab es jedoch gar nicht. Wie sich herausstellte, war das Bild von Anleger 1, der bestätigte, dass es sich um eine seriöse und solide Anlage handeln würde, bereits in England verwandt worden. Es handelte sich somit um eine komplett erfundene Story.

Außerdem: Negative Meldungen halten sich oftmals nicht allzu lange, vor allem, wenn sie im Internet sichtbar sind. Auch hier wiederum gelingt es Betrügern oftmals allzu leicht, negative Meldungen im Internet „im Keim" zu ersticken und durch positive Meldungen zu ersetzen.

Wiederum Beispiel MDM-Group:

Ja, es war ein Warnhinweis der FINMA im Internet ersichtlich, der bestätigte, dass die MDM-Group auf der Warnliste der FINMA stand. Außerdem gab es einen fundierten Warnhinweis der deutschen Verbraucherzentrale, die eindringlich vor der Anlage bei der MDM-Group warnte.

Jedoch reichte das nicht aus, weil die Warnungen im Internet nicht lange sichtbar waren:

Die MDM-Group schrieb einfach zahlreiche neue positive Meldungen im Internet, bis die negativen Meldungen der FINMA und Verbraucherzentrale nur noch schlecht oder gar nicht mehr sichtbar waren, weil die neuen Meldungen sogar auf normalen Portalen diverser seriöser Presseorgane erschienen und somit einen förmlichen Anstrich erhielten. Zudem erschienen die negativen Meldungen bei Google teilweise nicht mehr auf Seite 1, sondern auf Seite 2 oder 3.

Vorsicht vor hohen Gebühren, Provisionen und Vergütungen

Auch halten sich viele Betrugsmodelle so lange, weil von den Initiatoren üppige Provisionen an die Vermittler bezahlt werden, und damit auch bei den Vermittlern oftmals eine hohe Motivation vorhanden ist, eine derartige Anlage zu vermitteln, gleichgültig, ob man sie nun als gut einschätzt oder nicht.

Allzu kritische Nachfragen habe es von den Vermittlern nicht gegeben. „Die haben das Geld ihres Lebens verdient",[54] sagte ein inzwischen wegen Anlagebetrugs verurteilter Initiator.

Bei solchen „provisionsgetriebenen" Modellen ist natürlich die Gefahr groß, dass das eigene Provisionsinteresse des Vermittlers höher eingestuft wird als das Interesse des/der Anlegers(-in), Geld zu verdienen und eine sichere Anlage zu erwerben, und somit auch die involvierten Vermittler ein starkes Interesse daran haben, ein solches Anlagemodell lange am Laufen zu halten, einerlei ob sie nun von dem Betrug wissen oder nicht. Hier besteht dann natürlich auch die Gefahr, dass man als Vermittler „die Augen verschließt" und schließlich nicht wahr haben will, dass etwas mit der Anlage nicht stimmt.
Prüfen Sie daher immer gewissenhaft, welche Provisionen und sonstige „weiche Kosten" im Fall Ihrer Kapitalanlage entstehen, denn auch bei einer guten Kapitalanlage können zu hohe Kosten zur Gefahr werden, denn dieses Geld ist „gleich weg".

So hatte der Bundesgerichtshof (BGH) schon mit Urteil vom 19.12.2006, Az. XI ZR 56/05, entschieden, dass Banken die Anlegerin/den Anleger über erhaltene Rückvergütungen, sog. „Kick-backs", aufklären müssen und Banken schadenersatzpflichtig bei ungenügender Aufklärung sind.
Weiter hatte der BGH mit Urteil vom 03.06.2014, Az. XI ZR 147/12, entschieden, dass Banken ab dem 01.08.2014 ihre Kunden über erhaltene Innenprovisionen, die direkt aus dem Anlagekapital finanziert werden, aufklären müssen.

Mit weiterem Urteil vom 19.10.2017 mit dem Az. III ZR 565/16 hatte der BGH nun klargestellt, dass ein Anlagevermittler oder -berater den Erwerber einer Anlage unaufgefordert über die Höhe der Vertriebsprovisionen aufklären muss, wenn diese die Größenordnung von 15 % des von der Anlegerin/dem Anleger investierten Kapitals erreichen oder überschreiten und hierbei auch das vom Anleger/der Anlegerin investierte Agio von in der Regel 5 % in diese Berechnung einfließt.

Das ist auch vernünftig, weil im Fall einer hohen Innen-/Vertriebsprovision über 15 % die Werthaltigkeit der Anlage von vorneherein nachteilig beeinflusst wird, weil diese Beträge nicht der von Ihnen gezeichneten Kapitalanlage zu Gute kommen, sondern gleich „weg sind".

Achtung, es drohen weitere Verluste

Ob sich, wenn Sie mit Ihrer Kapitalanlage Verluste erlitten haben, ein schnelles Vorgehen lohnt oder ein Abwarten, muss immer im jeweiligen Einzelfall entschieden werden. In diversen Fällen lohnt sich ein schnelles Vorgehen, z. B. bei einem Verdacht auf ein Schneeballsystem/Betrugsverdacht, um noch „zu retten, was zu retten ist", in anderen Fällen lohnt es sich, abzuwarten, bis z. B. erste Urteile zu dem Fall verfügbar sind und die Chancen besser einschätzen zu können.
Besondere Vorsicht sollten Sie aber walten lassen, wenn Ihnen jemand anbietet, Ihr z. B. bei einem Anlagebetrug verlorenes Geld „zurückzuholen":
Wie weiter oben bei den Fällen MDM-Group/Investfinans AB gesehen, nutzen unseriöse oder gar betrügerische Anbieter teilweise die Not

der Anleger(-innen) aus, um sie nochmals zum Überweisen von Geldern zu bewegen.

Teilweise wird hier mitgeteilt, dass man ein „todsicheres System" entwickelt habe – das manchmal auf neuen Systemen wie „künstlicher Intelligenz" beruhen soll, um die verloren gegangenen Gelder zurückzuführen.

In einem anderen von uns betreuten Fall wurde eine – angeblich in der Schweiz ansässige – „international tätige Anwaltskanzlei" mit großspurig klingendem US-amerikanischem Namen erfunden, die für den von uns vertretenen geschädigten Anleger sein verlorenes Geld, ca. 130.000,- €, von den Tätern zurückholen sollte, gegen eine geringe einmalige „Unkostenpauschale" von lediglich 5.000,- €.

Braucht nicht erwähnt zu werden, dass unser Mandant von der angeblichen Anwaltskanzlei nach dem Überweisen der 5.000,- € nichts mehr hörte, weil sie gar nicht existierte und die Täter schon längst das Konto geräumt hatten.

Im Übrigen fällt gerade im Bank- und Kapitalmarktrecht auf, dass gerade die Kanzleien oder Anwälte, die oftmals gut in der Akquise sind, teilweise dann nicht besonders erfolgreich in der Fallbearbeitung sind, d. h., teilweise nur dürftige Erfolge für ihre Mandanten, die Anleger, erzielen.

Beliebt sind auch Massenakquiseverfahren durch massenhafte Anlegerrundschreiben, in denen tausenden Anleger(-inne)n teilweise mitgeteilt wird, dass die Kanzlei einen Anleger vertritt und dieser die Kanzlei gebeten hat, mit weiteren Anlegern Kontakt aufzunehmen. Auch dies ist natürlich nicht gerade seriös.

Achten Sie also auch bei der Anwaltskanzlei, die Sie anschließend wegen Ihrer Verluste beauftragen, ob diese einen guten Ruf hat und ob gemachte Versprechungen einen seriösen Eindruck machen.

In vielen Fällen werden Anleger(-innen) auch Jahre nach der Pleite vom jeweiligen Insolvenzverwalter angeschrieben und werden erneut „zur Kasse" gebeten, sollen nämlich zwischenzeitlich erhaltene Ausschüttungen oder sonstige Zahlungen wieder zurückzahlen.

D. h., Anleger(-innen) hatten vielleicht 30.000 € oder wie viel Geld auch immer in den Fonds einbezahlt und bekamen vielleicht über mehrere Jahre nun einige Tausend Euro an Ausschüttungen ausbezahlt und sollten nun diese Beträge ebenfalls wieder zurückbezahlen. Möglich machen das die Regelungen in §§ 129 ff. der Insolvenzordnung, wonach ein Insolvenzverwalter Zahlungen der Insolvenzschuldnerin (also in der Regel der insolventen Anlagegesellschaft) an Gläubiger in einem Zeitraum von bis zu mehreren Jahren vor der Insolvenzeröffnung zurückfordern kann, wenn der Insolvenzschuldner vor der Insolvenz eine Rechtshandlung vorgenommen hat, welche die Gesamtheit der Insolvenzgläubiger benachteiligt. Z. B. wenn ein Schneeballsystem vorgelegen hat und lediglich Scheingewinne ausbezahlt wurden, denn dann sollen die Zahlungen, welche die Schuldnerin an die Gläubiger, also die Anleger leistet, Rechtshandlungen darstellen, die die übrigen Gläubiger benachteiligen.

Hiernach kann z. B. eine in einem bestimmten Zeitraum vor dem Insolvenzantrag vorgenommene Rechtshandlung dann angefochten werden, wenn der Schuldner zur Zeit der Handlung zahlungsunfähig war und der Gläubiger, also in unserem Fall die/der Anleger(-in), die Zahlungsunfähigkeit kannte. Dabei wird bereits vermutet, dass der/die Anleger(-in) Kenntnis hat, wenn der/die Anleger(in) wusste, dass die Zahlungsunfähigkeit drohte und dass die Rechtshandlung des Schuldners die Gläubiger benachteiligte.

In solchen Fällen droht den Anlegern/-innen also oftmals auch Jahre nach der Insolvenz der Anlagegesellschaft die Gefahr, dass sie nicht nur ihr Geld verloren haben, sondern auch vom Insolvenzverwalter nochmals „zur Kasse" gebeten werden und die erhaltenen Ausschüttungen zurückbezahlen sollen.

Solche vom Insolvenzverwalter rückgeforderten Beträge sollten Sie aber ebenfalls nicht ungeprüft einfach bezahlen, denn teilweise sind die Rückforderungsbegehren des Insolvenzverwalters unbegründet oder der Insolvenzverwalter muss doch zunächst einmal Kosten für Gutachten etc. ausgeben, um seine Forderung zu beweisen.

Teilweise kann man sich auch mit anderen Argumenten zur Wehr setzen wie dem Einwand der „Entreicherung", d. h., dass man das Geld „nicht mehr hat".

Vorsicht auch vor Interessengemeinschaften: Diese können zwar ein sinnvolles Mittel sein, um Informationen für alle Geschädigten zu bündeln und um z. B. ein kostengünstigeres Vorgehen für alle Betroffenen zu ermöglichen, diverse IG`s wurden aber von Vermittlern/Anlageberatern „ins Leben" gerufen und gehen dann prinzipiell nicht gegen Vermittler vor.

Wenn Sie sich einer IG anschließen, fragen Sie, ob diese wirklich gegen alle in Betracht kommenden Verantwortlichen vorgeht (also im Zweifelsfall auch die Vermittler/Berater der Anlage) und welche Kosten Ihnen durch die Mitgliedschaft entstehen und welche Leistungen Sie dafür erwarten können.

Praxistipp:

- Bei jeder Anlageberatung muss dem Kunden inzwischen eine ausgedruckte oder elektronische Erklärung über die Geeignetheit der Anlage ausgehändigt werden.
- Nach einer Beauftragung müssen Zeitpunkt und Ort der

Besprechung, anwesende Personen sowie Angaben zum Auftrag usw. selbst festgehalten werden.
- Prüfen Sie die Kosten der Kapitalanlage bzw. des Vermittlers: Bei hohen Innenprovisionen von deutlich über 15 % sollten Sie vorsichtig sein oder Abstand nehmen.
- Die Vertriebs-/"weichen" Kosten der Anlage sollten Sie beim Vermittler erfragen können oder Sie sollten Sie im Verkaufsprospekt zu dem Anlageprodukt finden.
- Prüfen Sie immer gewissenhaft, ob ein schnelles Vorgehen sinnvoll sein könnte, um noch „zu retten, was zu retten ist," oder eher abzuwarten, bis zum Bespiel erste Urteile zu dem Fall vorliegen.
- Vorsicht vor Interessengemeinschaften: Gehen diese wirklich gegen alle in Betracht kommenden Verantwortlichen vor?

Fakt ist: Anlagebetrug ist in Deutschland teilweise immer noch der leichteste und schnellste Weg, um zum Millionär zu werden. Das muss sich dringend ändern!

2 Faule Investments, Anlagebetrug und neue Finanzkrise: Was muss sich ändern? Wie können Sie sich selber schützen?

2.1 Unaufgeklärte Anleger, Ihre Rente ist nicht mehr sicher

Thema Geldanlage kommt in der Schule zu kurz

„Die Deutschen befinden sich in einem embryonalen Stadium zum Thema Geldanlage." (Ein Anlegerschützer)

Eine „Jugendstudie 2019" des Versorgungswerks Metall-Rente unter 2.500 Personen hatte ergeben, dass bei den 17-27-Jährigen die Zahl derjenigen, die entsprechende Rücklagen für die Altersvorsorge bilden, sinkt. 48 Prozent waren es laut der Studie zuletzt, die Quote ist seit 2010 um sieben Prozent gesunken. Einer der ausschlaggebenden Gründe ist, laut Selbsteinschätzung der Befragten, dabei, dass weniger als ein Drittel sich in dem Bereich auskennt.[55]
Kein Wunder, woher auch? Aus der Schule jedenfalls nicht. Während andere Fächer wie Latein, Mathematik etc. hoch im Kurs stehen, wird das Fach „Geldanlage" bisher komplett vernachlässigt.
Wie sagte schon vor Jahren der damalige Chef eines Anlegervereins: „Das Wissen der Deutschen zum Thema Geldanlage befindet sich in einem embryonalen Stadium." Leider hat er Recht.
Während wir in der Schule über Geschichte und Physik sehr viel lernen,

auch viele Dinge, die wir später im Berufs- oder Alltagsleben doch nicht mehr so oft brauchen, sieht es beim Thema „Geldanlage" anders aus. Natürlich gibt es das Fach Wirtschaft, jedoch lernt man hier wenig darüber, wie man selber sein Geld anlegen soll oder sich vor Verlusten schützen kann.

Jedenfalls scheint man das Problem zurzeit zu erkennen, denn so wird zum Beispiel in Nordrhein-Westphalen ab dem Schuljahr 2020/2021 Wirtschaft als neues Pflichtfach in der Sekundarstufe 1 an allen weiterführenden allgemeinbildenden Schulen eingeführt, an Gymnasien erfolgt(e) der Start bereits im Zuge der landesweiten Umstellung auf G9 zum Schuljahr 2019/2020.[56]

Liebe Lehrerinnen und Lehrer, liebe Schulen, das ist ein guter Ansatzpunkt, wie wäre es aber noch mit einer Erweiterung des Schulfachs Wirtschaft um die Themenkomplexe Finanzen, Geldanlage und Verbraucherschutz oder speziell zum Thema „Sichere Geldanlage"?

Die Rent` is nimmer sicher, die Untätigkeit der Politik

„Private Altersvorsorge muss Pflicht werden." (Ex-Arbeitsminister Walter Riester)

Jedenfalls ist die gegenwärtige Unkenntnis vieler Anleger(-innen) zum Thema „Geldanlage" eine gefährliche Situation angesichts der Tatsache, dass in Deutschland jedes Jahr bis zu ca. 20 Mrd. € auf dem sog. „Grauen Kapitalmarkt" verloren gehen[57] und die Deutschen in Zukunft dazu gezwungen sein werden, verstärkt auf private Altersversorgung zu setzen, da angesichts der demografischen Entwicklung die Rente in Zukunft oftmals leider alles andere als sicher ist, weil die Menschen immer älter werden.

Während noch im Jahr 2014 auf einen Rentner 2,85 Menschen im erwerbsfähigen Alter (zwischen 20 und 64 Jahren) kamen, werden im Jahr 2050 auf einen Rentner nur noch 1,54 Personen im erwerbsfähigen Alter kommen.[58]

Diagramm Verhältnis erwerbstätige Personen/Rentner

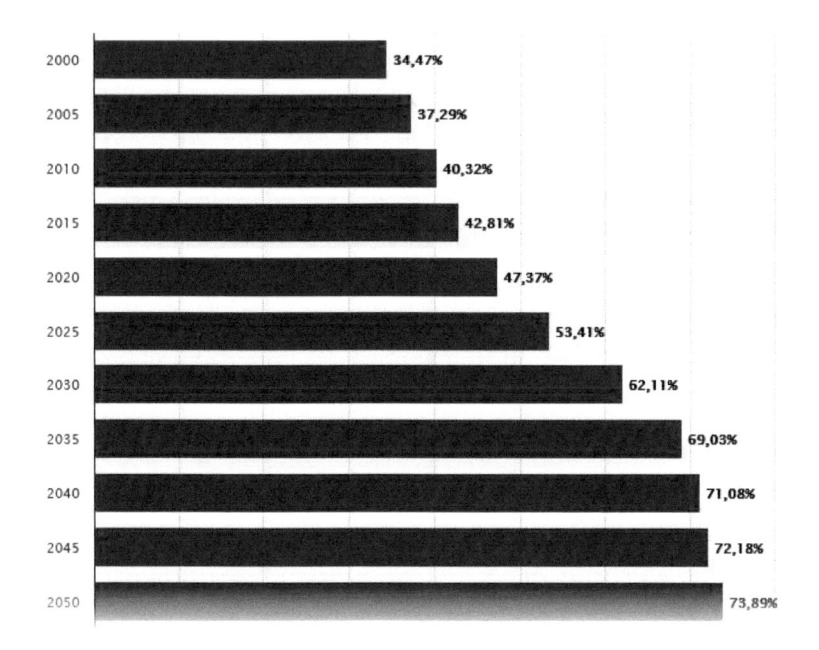

Jahr	Anteil
2000	34,47%
2005	37,29%
2010	40,32%
2015	42,81%
2020	47,37%
2025	53,41%
2030	62,11%
2035	69,03%
2040	71,08%
2045	72,18%
2050	73,89%

Quelle: Statista, URL: https://de.statista.com/statistik/daten/studie/14177/umfrage/deutschland-anteil-rentner-an-erwerbsbevoelkerung/, Abruf am 03.12.2020

Prognosen zufolge werden Millionen künftiger Rentner(-innen) im Alter kaum über die Grundsicherung kommen.

In Berlin z. B. sind laut einer recht aktuellen Studie der Gewerkschaft Nahrung-Genuss-Gaststätten (NGG) und des Pestel-Instituts 31 Prozent aller Beschäftigten von Altersarmut bedroht. Danach werden rund 490.000 Arbeitnehmer in Berlin nach aktuellem Stand eine

Rente unterhalb der staatlichen Grundsicherung erhalten, wenn sie nach 45 Berufsjahren in den Ruhestand gehen. Es könnte sogar noch schlimmer werden, wenn die durchschnittliche Rente bis zum Jahr 2030 auf nur noch 43 % des Einkommens abfallen sollte. Dann könnte es sogar mehr als 750.000 Menschen in Berlin geben, die nach mehr als 45 Berufsjahren bei einer Rente unterhalb der Grundsicherung landen werden.[59] Das sind absolut alarmierende Zahlen!

Das bedeutet also, dass die Rente der meisten Deutschen und somit eventuell auch Ihre Rente in Zukunft alles andere als sicher ist, und private Altersvorsorge in Zukunft immer wichtiger werden wird, damit Sie auch im Rentenalter einen vernünftigen Lebensstandard halten können.

Auch die Politik spricht davon, dass die Bürgerinnen und Bürger mehr für die private Altersvorsorge tun müssen, denn so hatte z. B. auch der frühere Arbeitsminister Walter Riester schon im Jahr 2016 in einem Interview mitgeteilt, dass private Altersvorsorge „Pflicht" werden müsse.[60]

Schön und gut, das Problem dabei ist, dass zum einen die Politik wenig dabei tut, um die Bürgerinnen und Bürgern bei der privaten Altersvorsorge zu unterstützen. Zum anderen, dass der Druck auf die Deutschen, und somit auch auf Sie, etwas für die private Altersvorsorge zu tun, massiv zunimmt, und genau hierdurch in Zukunft die Gefahr auch für Sie besteht, dass Sie Opfer von unseriösen oder gar betrügerischen Anbietern von Kapitalanlagen werden und Ihr Geld dann teilweise oder gar vollständig vernichtet wird. Wie die obigen Beispiele gezeigt haben, wird bereits heute von hochprofessionellen Betrügern mit vermeintlich „sicheren" oder lukrativen Anlagen geworben, die angeblich hohe Zinsen bringen sollen, so dass beim Anleger/der Anlegerin, der/die sich in der Zwickmühle befindet,

eine sichere Anlage mit möglichst hoher Rendite finden zu müssen, schließlich die Gefahr droht, dass er/sie auf das Angebot eingeht und die Falle schließlich „zuschnappt".
In Zukunft wird es leider noch viele solche Fälle geben.
Die Deutschen müssen also in Zukunft von der Politik dringend besser vor unseriösen oder gar betrügerischen Geldanlageprodukten geschützt werden.

2.2 BaFin als „zahnloser Tiger", bequeme und überforderte Staatsanwaltschaften

„Kein Finanzmarkt darf Wildwest-Gebiet bleiben",[61] *(*Michel Barnier, ehemaliger EU-Binnenmarktkommissar)

BaFin unternimmt zu wenig gegen unseriöse oder betrügerische Anbieter

Außerdem muss endlich die deutsche „Bundesanstalt für Finanzdienstleistungsaufsicht", BaFin, in Zukunft energischer einschreiten, wenn irgendwo Anlage-Betrügereien drohen.
Nicht umsonst wurde die BaFin schon des Öfteren als „zahnloser Tiger" bezeichnet.[62]
Denn so erweist sich derzeit z. B. als besonders trügerisch die Tatsache, dass die Bundesanstalt für Finanzdienstleistungsaufsicht zwar jeden Fondsprospekt genehmigen muss, ihn jedoch nur auf formale Kriterien hin kontrolliert, d. h., ob der Prospekt vollständig, verständlich und kohärent ist. Sie prüft also gerade nicht, ob das Anlagekonzept geeignet ist, dem Anleger Gewinn zu bescheren, oder auch nur, ob es sich um ein gutes, seriöses und vernünftiges Anlagekonzept handelt.

Diverse Pleiten hätten vermieden werden können, wenn die BaFin rechtzeitig eingeschritten wäre.

Dies muss sich unbedingt ändern, denn viele Anleger(-innen) werden zu Unrecht in dem falschen Glauben gelassen, dass die BaFin einen Fondsprospekt auch auf die wirtschaftliche Plausibilität hin überprüft – ein verhängnisvoller Irrtum.

Um Anleger(-innen) in Zukunft also wirksam vor unseriösen Kapitalanlageprodukten schützen zu können, müsste die BaFin somit die Fondsprospekte auf jeden Fall auch auf ihre Plausibilität und Durchführbarkeit hin überprüfen.

Die BaFin muss auch schneller und energischer einschreiten: Im Beispielsfall MDM-Group hatte die BaFin in der Tat mit Bescheid vom 06.11.2017 der MDM-Group AG aufgegeben, das ohne Erlaubnis betriebene Einlagengeschäft sofort einzustellen und unverzüglich abzuwickeln.[63] Schön, dass diese Maßnahme der BaFin dann kam, aber leider einige Monate zu spät, denn die Täter hatten sich seit Juni 2017 schon längst „aus dem Staub" gemacht.

Immerhin, im Fall Investfinans AB handelte die BaFin schneller: Die Einstellung und Abwicklung des Einlagengeschäfts wurde schon am 03.04.2019 bekannt gegeben[64] – vermutlich aufgrund eines Warnhinweises unserer Kanzlei an die BaFin vom März 2019.

Das hielt die Täter aber nicht davon ab, einfach in Stockholm den „Briefkasten zu schließen" und einfach von anderen Ländern aus und mit einem neuen Bankkonto in den USA noch weiter Gelder in mehrfacher Millionenhöhe einzusammeln und Anleger(-innen) weiter abzukassieren.

Sehr negativ ist auch zu bewerten, dass die BaFin, wenn sie denn in einem Fall dann wirklich einschreitet, oftmals nur geringe Bußgelder verhängt und außerdem die BaFin Anlegern und Anwälten in der Regel mitteilt, dass sie aufgrund der Verschwiegenheitsverpflichtung nach § 9 KWG keine weiter gehenden Informationen zu dem Stand des von ihr geführten Verfahrens geben kann.

Somit haben Sie es als Anwalt oder Anlegerin/Anleger oftmals schwer, zu erkennen, ob die BaFin geeignete Maßnahmen in einem Verfahren ergreift, um die Anlegergelder zu schützen, oder ob sie überhaupt Maßnahmen ergreift. Hier besteht viel Nachholbedarf.

BaFin-Chef Felix Hufeld sagte vor einiger Zeit in einem Interview, dass man Anleger nicht vor allem bewahren könne, „sie müssen selbst Verantwortung übernehmen".[65]

Ja, das ist richtig, aber mit Verlaub, man macht es sich hier, meiner Meinung nach, zu einfach.

Ja, die Anlegerin/der Anleger sollte von offenkundig unseriösen Angeboten mit z. B. exorbitant hohen versprochenen Renditen von vorneherein die Finger, allerdings handelt es sich beim Thema „Kapitalanlageprodukte" um das Komplexeste, was es auf dem Markt gibt, und die/der durchschnittliche Anleger(-in) kann oftmals kein seriöses von einem unseriösen Angebot unterscheiden.

Außerdem kommt hinzu, dass viele unseriöse Anbieter oder gar betrügerische Initiatoren heute deutlich subtiler vorgehen als noch vor ein paar Jahren: Während früher oftmals Anlegern hohe Renditen versprochen wurden, bei denen teilweise für eine(n) Anleger(-in) von vorneherein durchschaubar war, dass es sich um leere Versprechungen handeln musste, werden heute gerade oftmals nur noch deutlich niedrigere Zinsen wie 3-5 % versprochen, dafür aber mit angeblich 100%ig sicheren Anlagen geworben, die durch „Einlagensicherungssysteme" oder andere Sicherheiten gesichert sein sollten und eben gerade auch bestens für die „Altersvorsorge" geeignet sein sollten.

Dass es sich bei den versprochenen Sicherheiten in diversen Fällen nur um „Fake-Sicherheiten" handelt, kann der durchschnittliche Anleger nicht durchschauen.

Bequeme und überforderte Staatsanwaltschaften

Was es Anlagebetrügern in Deutschland ebenfalls so leicht macht, ist die Tatsache, dass die Staatsanwaltschaften mit Anlagebetrugsfällen, meiner Beobachtung nach, oftmals massiv überfordert sind oder zumindest sehr lustlos reagieren.
Während jede Kaufhaus-Kassiererin damit rechnen muss, gekündigt und auch strafrechtlich massiv verfolgt zu werden, wenn sie einen Wertbon für ein paar Euro einsteckt, kommen viele unseriöse Anbieter von Kapitalanlagen oder auch Anlagebetrüger, die Schäden im hohen Millionenbereich verursachen, erstaunlich glimpflich davon.
Das liegt an mehreren Gründen:
Überforderung mit den wirtschaftlichen Zusammenhängen, fehlende Motivation in dem Bereich, dem, meiner Meinung nach, bei vielen Staatsanwälten vorherrschenden Gefühl, dass die „gierigen" Anleger(-innen) ja selbst schuld sind.
Sie glauben das nicht? Im Fall eines Anlagebetrugsfalls hatte ich mich lange gewundert:
Der Hintermann wurde lange von der Staatsanwaltschaft nicht dingfest gemacht, obwohl klar war, dass ein Schneeballsystem vorlag.
Wohlgemerkt zu einer Zeit, als man noch Anleger(-innen) vor dem Betrug hätte bewahren können. Die Firma sammelte noch Anlegergelder ein.
Als ich den Staatsanwalt anrief, teilte dieser mir lapidar mit, dass er mit dem Fall nicht so richtig vorankommen würde. *„Wissen Sie, ich muss in dem Fall tausende von Buchführungsvorgängen überprüfen,*

und habe nur eine Bürokraft," versuchte er, sich zu entschuldigen, und ließ auch noch durchklingen, dass sein wirtschaftliches Verständnis gering sei.

So lief der Betrug noch lange weiter und es konnten noch etliche weitere Anleger(-innen) geködert werden, die ihr Geld bei der Firma anlegten.

Als ich in einem anderen Betrugsfall mit dem zuständigen Staatsanwalt sprach, und ich meinem Erstaunen Platz machte, dass der Verantwortliche trotz Schäden im zweistelligen Millionenbereich mit mehreren tausend geschädigten Anlegern nur eine derart geringe Freiheitsstrafe bekommen hatte, entgegnete mir der Staatsanwalt: *„Ach, wissen Sie, was ich wirklich erschreckend finde: Dass es immer noch genügend Leute gibt, die auf solche Betrüger reinfallen."*

Diese Aussage ist bezeichnend für die vorherrschende Meinung bei zahlreichen Staatsanwaltschaften, nämlich die, dass Anleger(-innen) derartiger Betrügereien eigentlich selber schuld sind an ihren Verlusten bzw. wenn sie auf derartige Betrügereien „herein fallen."

Zumal bei vielen Staatsanwälten immer noch wenig Bereitschaft besteht, derartigen Kapitalanlagebetrugsfällen nachzugehen.

Da nimmt man sich lieber ein paar kleine Ladendiebstähle vor: Die sind leichter aufzuklären und der Karriere förderlicher.

In einem anderen Fall, in dem ein reines „Schneeballsystem" betrieben wurde, bestand vonseiten des zuständigen Staatsanwalts ebenfalls wenig Motivation, für Aufklärung zu sorgen.

Schon früh hatte hier ein eifriger Redakteur Ungereimtheiten ans Tageslicht gebracht. Die einzige Verantwortliche der Fa. war zwar bei einer Wohnadresse gemeldet, dort aber gar nicht wohnhaft. Bewohner schilderten, dass sie dort noch nie gesehen wurde.

Überhaupt: Zur Qualifikation der offiziellen Verantwortlichen waren überhaupt keine Angaben zu finden.

Kein Zweifel: Hier lag schwerer Betrug an einer großen Zahl von unbedarften Anlegern vor.

Kein Wunder, dass schon frühzeitig die ersten Strafanzeigen bei der Staatsanwaltschaft eingingen. Wer jedoch hoffte, dass die zuständige Staatsanwaltschaft dem betrügerischen Treiben schnell Einhalt gebieten würde, hier hätte nur einmal jemand von der Staatsanwaltschaft bei der Briefkastenadresse vorbeifahren und die verantwortlichen Personen vorladen müssen, der wurde enttäuscht – Fehlanzeige.

Als ich mich nach meiner Strafanzeige für den ersten Geschädigten telefonisch mit dem zuständigen Staatsanwalt in Verbindung setzte und ihn fragte, was er nun unternehmen würde, war die Antwort absolut ernüchternd:

Er teilte mir mit, dass er das Strafverfahren vermutlich einstellen werde, zum einen hätte es hier bereits einen Internet-Warnhinweis der Finanzmarktaufsicht gegeben (das ist richtig), zum zweiten sollte die Anlage ja noch länger laufen und sei noch gar nicht fällig, die Anleger(-innen) sollten also auf dem Zivilrechtsweg die Fa. auf Rückzahlung verklagen!

Sehr gute Idee, Herr Staatsanwalt – bei einem offensichtlichen Betrugsfall sehr großen Ausmaßes nichts zu unternehmen, stattdessen die Anleger auf den völlig aussichtslosen, langwierigen Zivilrechtsweg zu verweisen, bei dem nach Jahren herauskommen würde, dass sich die Verantwortlichen längst abgesetzt hatten…

Immerhin, einige Wochen später wurde der Fall einem anderen Staatsanwalt übergeben, der nun doch noch ermittelte – leider jedoch zu spät, denn die Verantwortlichen hatten inzwischen die Konten leer geräumt und sich schon aus „dem Staub" gemacht.

Wertvolle Zeit, Wochen und Monate wurden hier vonseiten der Staatsanwaltschaft vertan. Die hätten genutzt werden können, um die Betrugsfirma aus dem Verkehr zu ziehen.

Schade! Wäre hier von Polizei und Staatsanwaltschaft rechtzeitig eingeschritten worden, so hätten einige Millionen an Anlegergeldern gesichert werden können.

In einem anderen Fall, bei dem für einen „Immobilienfonds" Gelder eingesammelt wurden, aber gleich von den Verantwortlichen veruntreut wurden, liefen schon jahrelange Ermittlungen der Staatsanwaltschaft ohne Ergebnis und meine Bitte auf Akteneinsicht wurde immer wieder verschoben. Nach ca. 4 Jahren wurde mir nach meiner mehrmaligen Erinnerung dann mitgeteilt, dass nun in einigen Monaten Akteneinsicht möglich sei, ich sollte noch etwas Geduld haben.

Als ich mich nach weiteren ca. 6 Monaten wieder meldete, wurde mir von der Geschäftsstelle der Staatsanwaltschaft Folgendes mitgeteilt:

„Es hat hier gerade einen Wechsel gegeben, ein neuer Staatsanwalt ist für den Fall zuständig, dieser muss sich erst in den Fall einarbeiten, Sie brauchen noch einige Monate Geduld."

Nochmals ca. 6 Monate später wurde mir mitgeteilt, dass nun auch der neue Staatsanwalt nicht mehr für den Fall zuständig sei und nochmals ein weiterer neuer Staatsanwalt mit dem Fall betraut sei.

Als die Akteneinsicht dann nach ca. 2 weiteren Jahren möglich war, war das Ergebnis ernüchternd:

Der Fall wurde von der Staatsanwaltschaft anschließend einfach eingestellt, bei einem offensichtlichen Betrugsfall mit Schäden von mehreren Millionen Euro…

Der Fairness halber soll hier natürlich erwähnt werden, dass Staatsanwaltschaften im In- und Ausland teilweise massiv überlastet sind und es den Staatsanwaltschaften teilweise nicht leicht gemacht wird, für Aufklärung zu sorgen.

Oftmals müssen Staatsanwaltschaften, gerade bei internationalen

Betrugsmodellen, mit komplizierten Rechtshilfeersuchen arbeiten, ein oftmals aussichtsloses Unterfangen.

So lacht sich jeder Betrüger ins Fäustchen, wenn keine Möglichkeiten der zwangsweisen Vorladung oder Beugehaft bestehen.

Fakten & meine Forderungen:

- Deutschland ist und bleibt ein Eldorado für unseriöse Anbieter von Kapitalanlageprodukten und Kapitalanlagebetrüger, was auch an geringen Bußgeldern und dem teilweise zögerlichen Verhalten der Aufsichtsbehörde BaFin liegt.
  Dies muss sich dringend ändern bzw. die BaFin muss in Zukunft energischer einschreiten und mit mehr Befugnissen ausgestattet sein, um Anleger(-innen) in Zukunft besser vor unseriösen Kapitalanlagefirmen oder sogar betrügerischen Kapitalanlageanbietern zu schützen.
- Die Staatsanwaltschaften müssen dringend finanziell und personell besser ausgestattet werden, teilweise wird einfach wegen fehlender Geldmittel nicht ermittelt.
- Es müssen dringend Spezialeinheiten bei Polizei und Staatsanwaltschaften eingerichtet werden, um dem „Milliardengeschäft" Anlagebetrug, bei dem die Täter heute auch „länderübergreifend" ihr Unwesen treiben, Einhalt zu gebieten, denn das heutige Strafrechtssystem kann mit den modernen Betrugsmethoden der „Täter," die sich auf das Internet bestens verstehen, nicht mithalten.
- Außerdem fordere ich die Einrichtung einer europäischen Zentralstelle, die bei Betrugsfällen mit grenzüberschreitendem Sachverhalt europaweit tätig wird und auch mit den erforderlichen

Kompetenzen ausgestattet wird, um Betrugsfällen europaweit mit der erforderlichen Effizienz, Schnelligkeit und Härte nachzugehen.
- Ein Fakt ist auch, dass mutmaßliche Anlagebetrüger in Deutschland oftmals nur erschreckend geringe Strafen zu befürchten haben.
Während in den USA der Anlagebetrüger Madoff zu 150 Jahren Haft verurteilt worden ist, erwarten einen Anlagebetrüger in Deutschland teilweise nur milde Bewährungs- oder Gefängnisstrafen, falls die Staatsanwaltschaft aufgrund ihrer personellen Ausstattung überhaupt dazu in der Lage ist, den Fall aufzuklären. Die Abschreckung muss größer, die Strafen müssen höher werden.

Politik und Aufsichtsbehörden müssen hier Hand in Hand gehen, da die BaFin nur mit den Mitteln vorgehen kann, die ihr die Politik in die Hand gibt.

2.3 Corona & Co. lassen grüßen: Droht eine neue Finanzkrise?

"...the ECB is ready to do whatever it takes, to preserve the euro" (Mario Draghi, Ex-Chef der EZB)[66]

Als im Anschluss an die Lehman-Pleite im Jahr 2008 die Weltwirtschaft „ins Wanken" geriet, versuchten Notenbanken wie die Europäische Zentralbank (EZB) mit starken Zinssenkungen, die Wirtschaft im Euro-Raum zu stabilisieren.
Die Notenbanken sind somit die eigentlichen „Herren über den Leitzins", denn sie versuchen mit Zinssteigerungen oder Zinssenkungen die Inflationsrate im Zaum zu halten sowie das Wirtschaftswachstum stabil zu halten.

Mario Draghi, der damalige EZB-Chef, sagte im Jahr 2012 in einer Rede den bekannten Satz:
"...Within our mandate, the ECB is ready to do whatever it takes, to preserve the euro."
So erhöhen die Notenbanken in der Hochkonjunktur generell die Zinsen, um eine „Überhitzung" der Wirtschaft zu vermeiden, denn durch die erhöhten Zinsen wird es Unternehmen und Verbrauchern schwieriger gemacht, Kredite aufzunehmen.
Viel Geld wurde seit der Lehman-Finanzkrise in Umlauf gebracht und die Zinsen wurden massiv gesenkt, um die Wirtschaft und angeschlagene Staaten wie Italien zu stützen, der Einlagenzins auf nur noch minus 0,5 % im September 2019.[67] Das bedeutet, dass Banken, die ihr Geld bei der EZB „parken" wollen, „Strafzinsen" zahlen müssen.

Deutschland Ende 2020, Anfang 2021: Das Corona-Virus hat uns noch immer fest im Griff, nicht nur, dass zahlreiche neue Erkrankungen drohen, sondern auch schwere Verwerfungen für das Wirtschaftssystem. Abgesagte Messen und Veranstaltungen, unterbrochene Lieferketten, eingebrochene Nachfrage aus dem Ausland nach deutschen/europäischen Produkten, eingeschränkter Inlandskonsum, Kurzarbeit, Arbeitslosigkeit, Insolvenzen und und und …
Dabei waren die Probleme alle vor Corona schon da, sie drohen durch die Corona-Krise nur erheblich verschärft zu werden: Hohe Verschuldung von Staaten, Unternehmen und Verbrauchern, sich abschwächendes Wirtschaftswachstum (das durch die Corona-Krise noch verstärkt wird):
Deutschland hatte zwar seit Jahren einen langjährigen Aufschwung zu verzeichnen, was uns nicht nur hohe jährliche Wachstumsraten von ca. 3 %, sondern auch niedrige Arbeitslosigkeit beschert hatte.
Jedoch wird es leider nicht so bleiben. Bereits seit Mitte 2018 hatte sich das Wachstum deutlich abgeschwächt, im 2. Quartal 2020 war die Wirtschaftsleistung in Deutschland dann in Folge der Corona-Krise bereits erheblich eingebrochen, Das Bruttoinlandsprodukt schrumpfte gegenüber dem Vorquartal um 10,1 %.[68]

Auch nimmt die Verschuldung von Verbrauchern, Unternehmen und Staaten drastisch zu:
So war die Zahl der überschuldeten Privatpersonen in Deutschland bereits im Jahr 2018 um rund 19.000 Personen auf 6,9 Millionen Menschen gestiegen[69], und somit hatte also fast jeder zehnte Erwachsene höhere Ausgaben als Einnahmen.
Die Zahl der sog. „Zombie-Unternehmen", also hoch verschuldeter Firmen, droht in Deutschland auf 800.000 zu steigen.[70]

Auch die weltweite Staatsverschuldung erreicht, gerade bedingt durch die Corona-Krise, bei der Staaten mit Billionen-Konjunkturprogrammen die Wirtschaft stützen, immer neue Höchststände:
Alleine die Staatsverschuldung in Deutschland wird aufgrund der mit der Corona-Krise verbundenen Zusatzausgaben und Einnahmeausfälle auf mindestens 81,4 % im Verhältnis zum Bruttoinlandsprodukt steigen, ein Anstieg um 21,5 Prozentpunkte gegenüber dem Vorjahr.[71] Ein immer noch moderater Wert, wohingegen in Ländern wie Italien die Staatsverschuldung im Jahr 2020 ca. 155 % betragen könnte.

Diagramm Staatsschuldenquote ausgewählter Länder

Corona-Krise lässt Staatschulden steigen
Schuldenquote ausgewählter Länder in Prozent des BIP

— Italien — USA — Frankreich — Deutschland

- Italien: 155,5
- USA: 131,1
- Frankreich: 115,4
- Deutschland: 68,7

* Prognose
Quelle: IWF Fiscal Monitor

statista

Quelle: IWF Fiscal Monitor/Statistika, URL: https://de.statista.com/infografik/21459/staatsverschuldung-ausgewaehlter-laender-durch-die-corona-krise/, Abruf am 20.11.2020

Fazit: Gegenwärtig trifft eine Rekord-Verschuldung auf unsichere weitere Wachstumschancen der Weltwirtschaft.

Das weltweite Finanzsystem war schon vor der Corona-Krise äußerst anfällig, mit der Corona-Krise haben sich die Probleme nochmals deutlich verschärft. Ein optimistisches Szenario könnte somit sein, dass es der Wirtschaft nach der Beendigung der Corona-Krise gelingt, auf den Wachstumspfad zurück zu finden und somit aus den Schulden wieder „heraus zu wachsen", ein pessimistischeres Szenario könnte jedoch darin bestehen, dass die Aussichten für die Wirtschaft auch nach Beendigung der Corona-Krise schwach bleiben.

Die Gefahr einer weiteren Wirtschaftsabschwächung oder sogar einer neuen, schweren Wirtschafts- und Finanzkrise, mit ähnlichen Auswirkungen wie bei der Lehman-Finanzkrise oder sogar noch stärkeren, ist damit leider reell.

Und in diese gefährliche „Gemengelage" geraten Sie als Anlegerin und Anleger und müssen sehen, wie Sie Ihr Geld anlegen und sich vor Verlusten schützen können...

2.4 Vorsicht vor Sparbuch und Lebensversicherungen

„Sparen um des reinen Sparens willen ist pervers." (Sprichwort)

Der Leidtragende der oben erwähnten Niedrigzinspolitik ist die Sparerin/der Sparer: Nach wie vor sind Anlagen auf Sparbüchern bei Banken und Sparkassen die liebste Anlageform der Deutschen, anders als Anlagen in Aktien und anderen Wertpapieren, die als Anlageform weit abgeschlagen sind.

Fast 2,5 Billionen Euro bestehen aus Bargeld oder liegen auf Sparbüchern oder Tagesgeld-Konten von Bankkunden, Anlegern und Firmen in Deutschland, über 40 % des Vermögens der Deutschen.[72]

Dabei ist die Sparerin/der Sparer seit Jahren die/der „Dumme": Sie/

er bekommt seit Jahren durch die aktuelle Niedrigzinsphase der EZB sehr niedrige Zinsen auf der Bank von gegenwärtig nahe 0 %.

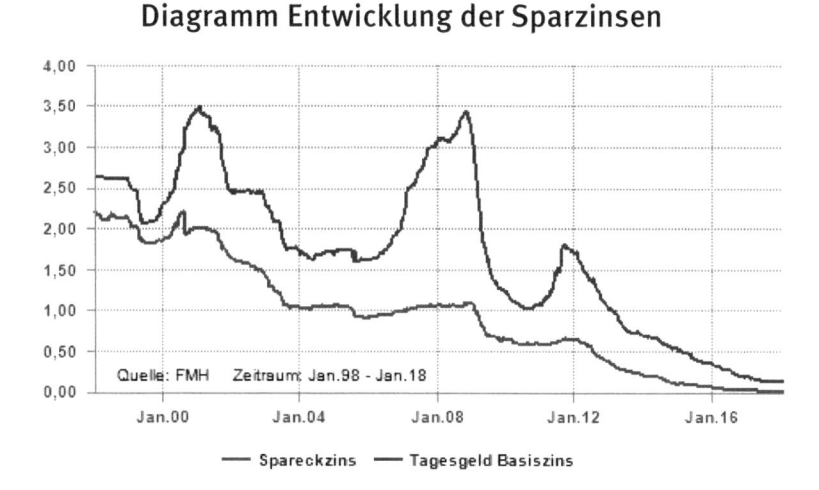

Diagramm Entwicklung der Sparzinsen

Quelle: FMH Zeitraum: Jan.98 - Jan.18

Spareckzins — Tagesgeld Basiszins

Quelle: FMH, URL.: https://www.fmh.de/zinsentwicklung-grafik/grafik-der-woche, Abruf am 20.11.2020

Das ist aber der Betrag vor Abzug der Inflationsrate.
Nach Abzug der Inflationsrate sah es teilweise noch deutlich schlechter aus, auch wenn die Inflationsrate gegenwärtig nochmals gesunken ist.
Bereits jetzt verlieren Sie als Sparerin und Sparer also viel Geld.

Könnten die Spar-Zinsen nicht in nächster Zeit wieder steigen, werden Sie sich fragen?
Nun, das dürfte eher unwahrscheinlich sein, denn es ist eher nicht zu vermuten, dass die Notenbanken, die in den letzten Jahren die Zinsen so deutlich gesenkt hatten, diese in den nächsten Jahren wieder anheben und damit auch die Sparzinsen wieder steigen:

Denn durch Zinserhöhungen der Notenbanken bestünde die Gefahr, dass einige finanzschwache und hoch verschuldete Länder wie Italien auf „einen Schlag" in die Insolvenz gehen, weil sie ihre Schulden aufgrund höherer Zinsen nicht mehr zurückzahlen können – mit massiven Verwerfungen für den Euro-Raum.

Das wissen auch die Notenbanken, weshalb sie die Leitzinsen also wahrscheinlich auch in den nächsten Jahren nicht erhöhen werden/können, die Zinsen werden somit mit hoher Wahrscheinlichkeit also noch lange Zeit niedrig bleiben und somit auch die Sparzinsen.
Außerdem liegt gegenwärtig, wie weiter oben beschrieben, viel Geld von Sparerinnen und Sparern auf dem Sparbuch, so dass für Banken eigentlich wenig Motivation besteht, die Sparerinnen und Sparer mit höheren Zinsen „zu locken".

„Hält" die Einlagensicherung beim nächsten Finanzcrash?

Es ist auch zumindest fraglich, ob die Spareinlagen bei einer neuen schweren Finanzkrise ausreichend geschützt wären.
Ja, aber warum denn, wir haben doch die Einlagensicherung, werden Sie sich nun fragen?
Und richtig, wir haben die europäische Einlagensicherung.
Seit dem Jahr 2015 gilt das Einlagensicherungsgesetz (EinSiG), das den Entschädigungsfall nach § 5 Abs. 1 EinSiG und § 10 EinSiG regelt. Dabei sind in Deutschland und anderen Ländern der Europäischen Union Einlagen, also Tages-, Festgeld- und Girokonten sowie Sparkonten und Sparbriefe gemäß § 8 Abs. 1 EinSiG bis zu 100.000,- € pro Kunde und Bank gesetzlich geschützt (§ 8 EinSiG).[73]

Für die gesetzliche Einlagensicherung im Inland sind die „Entschädigungseinrichtung deutscher Banken GmbH" und die „Entschädigungseinrichtung des Bundesverbandes Öffentlicher Banken Deutschlands GmbH" zuständig.

Die meisten privaten Banken haben auch noch einen eigenen Einlagensicherungsfonds, Spar- und Volksbanken haben außerdem ähnliche Entschädigungseinrichtungen.

Die deutschen Banken zahlen auch regelmäßig einen Beitrag in diese „Entschädigungs-Töpfe" deutscher Banken.

Die europäische Einlagensicherung soll Sparguthaben schützen, zwar nicht unbegrenzt, aber immerhin bis zum Betrag von 100.000,- € (auch wenn, wie oben gesehen, z. B. die Lehman-Zertifikate gerade nicht vom Einlagensicherungssystem geschützt waren).

Im Fall einer Zahlungsunfähigkeit muss zunächst gemäß § 10 EinSiG die Bundesanstalt für Finanzdienstleistungsaufsicht (BaFin) den Entschädigungsfall unverzüglich feststellen, spätestens innerhalb von 5 Arbeitstagen, nachdem sie davon Kenntnis erlangt hat, dass ein CRR-Kreditinstitut nicht in der Lage ist, fällige Einlagen zurückzuzahlen. Hierbei werden von den Banken zunächst alle Konten eingefroren und nach einigen Wochen springt dann in der Regel die Einlagensicherung ein, die bis zu 100.000,- €, dem Betrag, der pro Kunde über die Einlagensicherung abgedeckt ist, freigibt.

„Wir sagen den Sparerinnen und Sparern, dass ihre Einlagen sicher sind. Auch dafür steht die Bundesregierung ein." (Angela Merkel)

„Ich möchte gerne unterstreichen, dass wir in der Tat in der gemeinsamen Verantwortung, die wir in der Bundesregierung fühlen, dafür Sorge tragen wollen, dass die Sparerinnen und Sparer in Deutschland

nicht befürchten müssen, einen Euro ihrer Einlagen zu verlieren."[74] (Peer Steinbrück)

Bundeskanzlerin Angela Merkel und Finanzminister Peer Steinbrück traten, wie wir alle wissen, nach der Lehman-Pleite im Jahr 2008 vor die Kameras und sagten die obigen beruhigenden Worte.

Bei diesem damaligen Versprechen dürfte es sich vermutlich schon damals um eine reine „Beruhigungspille" gehandelt haben, denn falls es trotz der beschwichtigenden Worte von Frau Merkel und Herrn Steinbrück zu einem „Bankrun" gekommen wäre – also eine große Anzahl von Menschen gleichzeitig ihr Geld bei der Bank hätte abheben wollen – wären die Einlagen damals vermutlich doch nicht sicher gewesen.
Aber auf jeden Fall sorgten die Worte von Frau Merkel und Herrn Steinbrück damals dafür, die Sparerinnen und Sparer zu beruhigen und einen „Bankrun" zu verhindern.
Auch heute stellt sich daher aus aktuellem Anlass erneut die Frage, wie die Gelder auf Sparkonten geschützt sind:
Laut recht aktuellen Zahlen der Europäischen Bankenaufsicht (Stand Ende 2017) soll sich das Volumen auf insgesamt 6,9 Milliarden Euro belaufen. Damit waren/sind nur ca. 0,4 % aller gedeckten Spareinlagen abgesichert,[75] (auch wenn gemäß § 17 Absatz 2 EinSiG die Einlagensicherungssysteme dafür sorgen sollen/müssen, dass ihre verfügbaren Finanzmittel bis zum Ablauf des 3. Juli 2024 mindestens eine Zielausstattung von 0,8 Prozent der gedeckten Einlagen nach § 8 Absatz 1 der ihnen angehörenden CRR-Kreditinstitute betragen).

Die Einlagensicherung in Deutschland und in Europa könnte vermutlich nur die Pleite einiger weniger Banken absichern. Es ist daher fraglich, liebe Leserin, lieber Leser, ob die Spareinlagen durch das Einlagensicherungssystem in einer neuen schweren Finanz-/Bankenkrise ausreichend geschützt wären.

Die Gefahr ist auch reell, denn bisher waren die Banken zwar von der Corona-Krise noch – anders als die Realwirtschaft – weitgehend verschont geblieben, aber das könnte sich ändern, wenn es mit dem Fortdauern der Corona-Krise zu einer größeren Insolvenzwelle bei Unternehmen kommen könnte, mit anschließenden Kreditausfällen bei den Banken...[76]

Deutsche Sparerinnen und Sparer hatten schon einmal einen leichten Vorgeschmack davon bekommen, was passiert, wenn ein Einlagensicherungssystem „wackelt" im Fall der isländischen „Kaupthing Bank", bei der die isländische Finanzaufsicht im Jahr 2008 die Zahlungsunfähigkeit und den Entschädigungsfall feststellte und bei der ca. 34.000 deutsche Sparer(-innen) ihr Geld angelegt hatten.[77]

Nach der Pleite mussten die Anleger(-innen) um ihr Geld bangen und erst nach schwierigen und langwierigen Verhandlungen konnte schließlich erreicht werden, dass ein Großteil der deutschen Anlegerinnen/Anleger ihr Geld zurück erhielt.

Im Fall einer neuen schweren Finanz-/Bankenkrise wäre also fraglich, ob die Einlagensicherung ausreichend wäre, um Verluste zu verhindern.

Schützen Sie sich vor Negativzinsen

Sie sollten sich also genau überlegen, ob Sie große Geldbeträge wirklich auf dem Sparbuch belassen, auch aus dem Grund, weil Negativzinsen wahrscheinlicher werden könnten.
Einige Banken versuchen inzwischen, die ihnen von der EZB auferlegten Strafzinsen von ihren Kunden „zurück zu holen", einige Banken gehen inzwischen dazu über, von ersten Kunden „Strafzinsen" zu verlangen. Bisher zwar überwiegend nur von Großkunden, allerdings könnte es so kommen, dass in den nächsten Monaten und Jahren Banken versuchen werden, auch von normalen Anlegern(-innen) oder Kleinanlegern „Strafzinsen" zu verlangen.
Dabei sollten Sie die weitere Entwicklung genau im Auge behalten. Ein recht aktuelles Urteil macht auf jeden Fall Mut, denn vom Oberlandesgericht Stuttgart wurde mit einem (zumindest im Jahr 2019 noch nicht rechtskräftigen Urteil, aktuell zur Rechtskraft des Urteils dem Autor nichts bekannt) mit dem Az. 4 U 184/18 vom 27.03.2019 entschieden, dass die von einer Kreissparkasse in ihrem Riester-Banksparplan „VorsorgePlus" verwendete Zinsanpassungsklausel rechtswidrig ist.[78]

Bei dem vom OLG Stuttgart entschiedenen Fall handelt es sich zwar um einen leichten Spezialfall (denn die Verzinsung im konkreten Fall setzte sich aus einem festen Bonuszins und einem variablen Grundzins zusammen, wobei der Grundzins ins Negative rutschen konnte, jedoch die gesamte Verzinsung positiv blieb, das OLG Stuttgart hatte auch nicht negative Zinsen generell für unzulässig erklärt, sondern es wurde lediglich ein Verstoß gegen das Transparenzgebot bemängelt), womit fraglich ist, ob er auch auf einen normalen „Negativzinsfall" anwendbar wäre. Allerdings zeigt der vom OLG Stuttgart entschiedene Fall, dass sich Gerichte in Zukunft stärker mit Fragen von Negativzinsen beschäftigen dürften und Sie somit als Sparerin und Sparer somit durchaus Möglichkeiten hätten, sich zu wehren, falls Banken in naher Zukunft dazu übergehen sollten, in größerem Umfang Negativzinsen einzuführen.

Ist Ihre Lebensversicherung wirklich sicher?

„Versicherung ist ein geniales modernes Glücksspiel, bei dem sich der Spieler der angenehmen Überzeugung hingeben darf, den Mann, der die Bank hält, zu schlagen."[79] *(Ambrose Bierce (1842-1914), US-Journalist)*

Immer niedrigerer Garantiezins, hohe Kosten…

Die deutsche Sicherheits-Mentalität sorgt auch dafür, dass die Deutschen überdurchschnittlich viele Lebensversicherungen besitzen.
Die kapitalbildende oder fondsgebundene Lebensversicherung war lange Zeit bei den Deutschen ein überaus beliebtes Anlageprodukt: Sie galt und gilt als gutes Produkt für die private Altersvorsorge. Gegenwärtig gibt es über 80 Millionen Lebensversicherungsverträge in Deutschland.[80]
Sie galt über Generationen hinweg als gutes Produkt zur Altersvorsorge, gerade in Zeiten, in denen die gesetzliche Rente oftmals nicht mehr reicht und z. B. bei der Immobilienfinanzierung zur Absicherung von Krediten.
Im Jahr 2016 hatten deutsche Lebensversicherer erstmals mehr als eine Billion Euro für ihre Kunden angelegt.[81]

Die Lebensversicherer dürfen dabei das Geld ihrer Kunden nicht zu riskant anlegen, um die Altersvorsorge eines Großteils der deutschen Bevölkerung nicht zu gefährden.

Viele Lebensversicherungen können aber inzwischen die Renditen, die sie ihren Kunden versprochen haben, nicht mehr erzielen und sie haben Probleme damit, diese zu erwirtschaften, und Millionen von Verträgen stehen in den nächsten Jahren zur Rückzahlung an.

Auch hierfür gibt es vor allem wieder den einen Grund: die niedrigen Zinsen. Die Nullzinspolitik der europäischen Zentralbank hat auch dazu beigetragen, dass nicht nur Sparerinnen und Sparer für ihre Spareinlagen bei der Bank immer niedrigere Zinsen erhalten, sondern auch die Lebensversicherungskunden immer niedrigere Zinsen bekommen, weil es durch die niedrigen Zinsen den Lebensversicherungen immer schwieriger fällt, geeignete Anlagen zu finden, die noch eine vernünftige Rendite „abwerfen".

Mittlerweile ist der Garantiezins bei geringen 0,9 % angekommen, wohingegen bis Ende 2016 noch 1,25 % garantiert wurden und der Garantiezins in den 90er Jahren sogar noch bei 4 % lag.

Diagramm Entwicklung des Garantiezinses

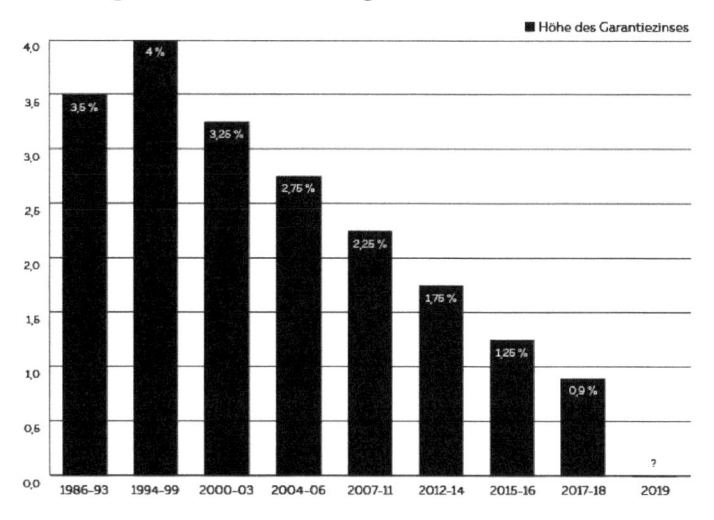

■ Höhe des Garantiezinses

Zeitraum	Höhe des Garantiezinses
1986–93	3,5 %
1994–99	4 %
2000–03	3,25 %
2004–06	2,75 %
2007–11	2,25 %
2012–14	1,75 %
2015–16	1,25 %
2017–18	0,9 %
2019	?

Quelle: wiado, URL: https://www.wiado.de/hoechstrechnungszins-lv-2019/, Abruf am 09.12.2020

Inzwischen investieren viele Lebensversicherungen das Geld ihrer Kunden wegen des Renditedrucks mittlerweile in zweifelhaftere Anlagen. Schon heute investieren Lebensversicherungen mehr Geld in Immobilien, Aktien, Schuldscheine, bei denen zwar die langfristige Rendite im Durchschnitt deutlich höher ist als bei anderen Anlagen, aber auch die Schwankungsbreite deutlich größer ist und somit auch die Risiken teilweise höher sind.

Auch die BaFin hat inzwischen mitgeteilt, dass es für einzelne Marktteilnehmer immer schwieriger werde, die gegebenen Versprechen an die Kunden einzuhalten und BaFin-Chef Hufeld kündigte an, dass die LV-Gesellschaften 2020 verstärkt in den Fokus der Aufsichtsbehörde rücken werden.[82]

Ein weiteres großes Problem der Lebensversicherungen sind die hohen Kosten:

Viele Leute glauben, dass, wenn sie 100.000,- € einzahlen, diese dann verzinst werden. Tatsächlich sind es aber wegen der hohen Abzüge für Provisionen, Verwaltungsgebühren, Betriebskosten und dem Anteil für den Risikoschutz teilweise gerade einmal nur bis zu ca. 80 %[83] und „nur" dieser Sparanteil wird verzinst. Wer also (unterstellt auf einen Schlag) 100.000,- € einzahlt, fängt tatsächlich teilweise nur bei ca. 80.000,- € an (das stimmt zwar nicht ganz genau, weil die Provisionen anteilig die ersten Jahre abgezogen werden und auch die Verwaltungsgebühren etc., aber ganz genau kann man das kaum rechnen). Wenn man jetzt für die Verzinsung einen unterstellten Garantiezins von 0,9 % annimmt, dann dauert es ca. 25 Jahre, bis die 100.000,- € wieder erreicht sind! Und dann ist noch zu bedenken, dass fast alle Kunden ratierlich einzahlen, also die Verzinsung am Anfang noch wenig bringt, da wenig einbezahlt ist: Ein dickes Geschäft, aber nur für die Versicherungen.

Bei einer wirklich schlimmen Krise, ausgelöst durch eine eventuelle neue große Finanzkrise, könnte es sogar für die Lebensversicherungskunden (vor allem bei einer fondsgebundenen Lebensversicherung) noch schlimmer kommen:

Denn so hat zwar auch die Lebensversicherungsbranche ihre eigene Sicherungsgesellschaft namens „Protektor".

Die Protektor Lebensversicherungs-AG ist laut eigenen Angaben ein Unternehmen zum Schutz der Versicherten, das Versicherte vor den Folgen der Insolvenz eines Lebensversicherers schützen soll: Verträge sollen fortgeführt werden, die Leistungen für die Altersvorsorge und der Risikoschutz sollen erhalten bleiben, ebenso die bereits gewährten Gewinnbeteiligungen.[84]

Alle deutschen Lebensversicherer sind gesetzlich dazu verpflichtet, bei Protektor Mitglied zu sein. Der Sicherungsfonds finanziert sich aus den Beiträgen seiner Mitglieder.
Der Gesetzgeber hat dabei vorgesehen, dass im Sicherungsfonds ein Sicherungsvermögen von mindestens 1 % der versicherungstechnischen Netto-Rückstellungen seiner Mitglieder aufgebaut wird. Zum 31.12.2019 betrug das bilanzielle Nettovermögen von Protektor 996,8 Mio. €, es ergab sich ein Marktwert des Sicherungsvermögens von 1.032,1 Mio. €. Das Zielvermögen beträgt zurzeit 1.038,5 Mio. € und wird jährlich neu berechnet.[85]

Das würde vermutlich jedoch allenfalls reichen, um einige kleinere und mittlere Versicherer zu stützen, wenn z. B. in einer neuen Finanzkrise einige größere Versicherer betroffen wären, könnte es wirklich kritisch werden.

Fazit: Heute lohnt es sich, meiner Meinung nach, eigentlich wegen der niedrigen Zinsen und der hohen Kosten nicht mehr, eine neue Lebensversicherung abzuschließen und auch, wenn Sie bereits eine alte Lebensversicherung haben, sollten Sie genau prüfen, ob sie sich noch lohnt.
Sie können auch immer im Einzelfall prüfen, ob es wirklich sinnvoll ist, eine bereits bestehende Lebensversicherung noch zu halten, oder ob es aufgrund der beschriebenen Risiken nicht sinnvoller ist, zu prüfen, ob ein „Ausstieg" aus Ihrer Lebensversicherung in Betracht kommt, weswegen unsere Kanzlei inzwischen von zahlreichen Lebensversicherungskunden kontaktiert wurde/wird, die prüfen lassen wollen, wie sie am besten aus dieser „aussteigen" können:

Kommt der „Widerrufsjoker" für Sie in Betracht?

In Betracht kommen hierbei grundsätzlich eine Aussetzung, ein Verkauf, eine Kündigung oder sogar auch ein Widerspruch.
So können bei einer Aussetzung Versicherte ihre Beiträge beitragsfrei stellen, in diversen Fällen können Lebensversicherungen inzwischen teilweise auch auf dem Zweitmarkt verkauft werden, unter Umständen kann hierbei auch der Todesfallschutz für die Angehörigen erhalten bleiben.
Auch eine Kündigung kommt oftmals in Betracht, jedoch ist hier Vorsicht geboten, denn hierbei ist zu berücksichtigen, dass Kunden nur den sog. „Rückkaufswert" erhalten, der oftmals teilweise deutlich unter der Beitragssumme liegt, vor allem wenn die Lebensversicherung in den ersten Jahren gekündigt wird. Der Rückkaufswert liegt nämlich meistens deutlich unter den einbezahlten Beträgen, weil die Versicherungen die oftmals hohen Abschluss- und Vertriebskosten von den einbezahlten Beträgen abziehen.
Eine Kündigung ist für einen Lebensversicherungskunden oftmals ein „schlechtes Geschäft" und Sie sollten sich wohl überlegen, ob sie diese wirklich aussprechen wollen, denn hier entstehen oftmals hohe Verluste, mit denen viele Betroffene nicht gerechnet haben.

Eine weitaus bessere Option bietet Lebensversicherungskunden oftmals der sog. „Widerspruch" ihrer Lebensversicherung.
Ein derartiger „Widerspruchsjoker" kommt vor allem für Kunden von Lebens- oder Rentenversicherungen in Betracht, die im Zeitraum zwischen Juli 1994 bis zum 31.12.2007 abgeschlossen wurden, da die Widerspruchsbelehrungen der Versicherungen in diesem Zeitraum besonders häufig fehlerhaft waren, da sie üblicherweise nach dem sog. „Policenmodell" abgeschlossen wurden.

Beim Policenmodell erhält der Kunde (anders als beim sog. „Antragsmodell") – die Vertragsunterlagen erst, nachdem der Vertrag unterschrieben wurde und bereits wirksam ist.

Für Lebens- und Rentenversicherungsverträge, die in diesem Zeitraum nach dem Policenmodell abgeschlossen wurden, hat der Gesetzgeber beschlossen, dass die Verbraucher eindeutig über ihr Widerspruchsrecht aufgeklärt werden müssen, sie also darauf hingewiesen werden müssen, dass sie innerhalb der gesetzlichen Frist ihre Willenserklärung, die zum Vertragsschluss geführt hat, zurückziehen und somit dem Vertragsschluss „widersprechen" können.

Meiner Einschätzung zufolge sind über 50 % der Widerspruchsbelehrungen von Lebensversicherungen, die im Zeitraum Juli 1994 bis Ende 2007 abgeschlossen wurden, fehlerhaft.

Dabei gab es in der Vergangenheit unterschiedliche Widerspruchsfristen:

Bis zum Jahr 2007 galt noch die alte Fassung des Versicherungsvertragsgesetzes, wonach Versicherungsnehmer nach § 5 Versicherungsvertragsgesetz alter Form (VVG a.F.) für Verträge, die ab dem 28.07.1994 bis zum 07. Dezember 2004 abgeschlossen wurden, das Recht hatten, nach Abschluss des Vertrages innerhalb von 14 Tagen dem Vertragsschluss zu widersprechen.

Für Vertragsschlüsse, die ab dem 08. Dezember 2004 erfolgten, konnte der Versicherungsnehmer dabei innerhalb von 30 Tagen dem Vertrag widersprechen.

Der Versicherungsnehmer musste also über dieses Recht ausdrücklich und deutlich vom Versicherer belehrt werden. Dies haben aber viele Versicherer versäumt.

Während das Gesetz auch zunächst vorsah, dass unabhängig von der richtigen Belehrung durch den Versicherer dieses Widerspruchsrecht spätestens ein Jahr nach Zahlung der ersten Prämie endete, wurde diese gesetzliche Regelung inzwischen vom Bundesgerichtshof mit seinem Grundsatz-Urteil vom 07. Mai 2014 mit dem Aktenzeichen IV ZR 76/11 „gekippt", weil die Richter in diesem Urteil festgestellt hatten, dass diese Regelung gegen EU-Recht verstößt, denn dem BGH-Urteil aus dem Jahr 2014 lag ein Urteil des Europäischen Gerichtshofs (EuGH) vom 19.12.2013, Az. C-209/12, zugrunde, wonach es auch auf die Frage der vollständig erteilten Verbraucherinformation ankommt, ob heute noch ein Widerspruchsrecht besteht.

Somit haben Sie also noch heute teilweise ein „ewiges Widerspruchsrecht", wenn Sie innerhalb des obigen Zeitraums eine Lebens- oder Rentenversicherung abgeschlossen haben und der Versicherer Sie entweder gar nicht oder aber fehlerhaft über Ihr Widerspruchsrecht informiert hat.

Es werden auch vom Gesetzgeber hohe Anforderungen an diese Widerspruchs- bzw. Rücktrittsbelehrung gestellt, wobei Sie sich auch dann noch von der LV lösen bzw. den Widerspruch erklären können, wenn Sie zwar eine Widerspruchsbelehrung erhalten und diese unterzeichnet haben, diese aber entweder fehlerhaft ist oder gewisse Formvorgaben nicht einhält.

So müssen die Kunden eindeutig darauf aufgeklärt werden, dass sie ihre Willenserklärung, die zum Vertragsschluss geführt hatte, binnen der gesetzlich vorgesehenen Frist widerrufen können.

Ein immer wieder vorkommender Fehler einer Widerspruchsbelehrung/Rücktrittsbelehrung ist, dass die Kunden nicht darüber aufgeklärt werden, dass für die rechtzeitige Ausübung des Widerspruchs- bzw. Rücktrittsrechts die rechtzeitige Absendung des Widerspruchs ausreichend ist.

Auch muss das Deutlichkeitsgebot eingehalten werden, d. h., die Widerspruchsbelehrung/Rücktrittsbelehrung muss sich vom übrigen

Vertragstext *deutlich* abheben und sie muss deutlich hervorgehoben in den Versicherungsbedingungen stehen.
Für Verträge, die ab einem bestimmten Datum abgeschlossen wurden, gibt es eine weitere gesetzliche Vorgabe:
So müssen Kunden eindeutig darauf hingewiesen werden, dass der Widerspruch auch in Textform und nicht nur in Schriftform möglich ist. Das führt dazu, dass die 2-Wochen-Frist für den Widerspruch noch nicht abgelaufen ist, sondern der Kunde teilweise das oben erwähnte „ewige Widerspruchsrecht" geltend machen kann und in vielen Fällen Kunden für ihre Lebensversicherungsverträge auch heute noch den Widerspruch erklären können, oftmals eine deutlich bessere Option als z. B. eine Kündigung, denn beim Widerspruch muss dem Kunden nicht nur das „Auseinandersetzungsguthaben" ausbezahlt werden, sondern oftmals die volle Summe der einbezahlten Beträge abzüglich eventuell kleinerer Abzüge, z. B. für den zwischenzeitlich genossenen Todesfallschutz.

Auch Versicherungsverträge, die nach dem Jahr 2007 abgeschlossen werden, können oftmals noch überprüft werden, weil die Rechtslage auch hierfür teilweise immer noch umstritten und nicht höchstrichterlich geklärt ist.

Grundsätzlich können Sie sogar noch den Widerspruch erklären, wenn Sie bereits vorher die Kündigung gegenüber Ihrer Versicherung ausgesprochen haben.

Aber so leicht ist es, ehrlich gesagt, leider auch nicht, denn inzwischen gehen Lebensversicherungen verstärkt dazu über, sich auf eine sog. „Verwirkung" des Widerspruchsrechts des Versicherungsnehmers zu berufen, wobei von Gerichten inzwischen teilweise bei

„besonders gravierenden Umständen" bestätigt wird, dass das ewige Widerrufsrecht verwirkt sein könnte. Entscheidend sind hier laut einem aktuellen Beschluss des Bundesgerichtshofs (BGH) mit dem Az. IV ZR 272/19 vom 28.10.2020 immer das „Zeit"- und das „Umstandsmoment", allerdings wurde vom BGH entschieden, dass alles, was sich im vertraglichen Rahmen bewegt – wie z. B. Prämienzahlung, Aussetzen, Dynamik etc. – nicht zur Verwirkung führen kann.

So hatte der Bundesgerichtshof auch z. B. in seinem Beschluss vom 13.01.2016 mit dem Az. IV ZUR 117/15 entschieden, dass der Versicherer vom Vertragsbindungswillen des Versicherten ausgehen müsse, wenn der Lebensversicherungsvertrag bereits gekündigt und rückabgewickelt wurde, dann aber auf Bitten des Versicherungsnehmers wieder in Kraft gesetzt wurde. In einem anderen Fall vom 01.06.2016 mit dem Az. IV ZR 482/14 hatte der BGH dagegen klargestellt, dass auch bei Abtretung einer Lebensversicherung zur Sicherung eines Darlehens der Widerspruch in aller Regel nicht verwirkt ist.
Die Verwirkung ist laut BGH aber ein Ausnahmetatbestand, auch wenn Instanzgerichte sie inzwischen teilweise zum Regeltatbestand erheben wollen. Das macht der BGH bisher aber nicht mit.

Es muss also immer im jeweiligen Einzelfall geprüft werden, ob ein Widerspruch auch heute noch möglich ist und ob nicht der Einwand der „Verwirkung" der Durchsetzung entgegenstehen könnte.
Zumindest, wenn Sie sich nicht von ihrer Lebensversicherung trennen wollen oder gar trotz der oben beschriebenen Risiken eine neue Lebensversicherung abschließen wollen, sollten Sie einmal Ihre Versicherung oder Ihren Versicherungsberater fragen, in was denn Ihre Lebensversicherung Ihr Geld investiert und wie hoch die Gebühren sind, die Sie für die Lebensversicherung zahlen.

Praxistipp:

- „Splitten" Sie Beträge über 100.000,- € auf dem Sparbuch in jeweils maximal 100.000er Beträge und jeweils auf mehrere Banken verteilt, denn die Einlagensicherung von 100.000,- € gilt pro Institut.
Wenn Sie also z. B. 200.000,- € auf dem Sparbuch einer Bank anlegen und es kommt eine große Banken-/Finanzkrise und die Einlagensicherung hält, dann haben Sie eventuell 100.000,- € verloren (weil die Einlagensicherung bis zum Betrag von 100.000,- € gilt), wenn Sie dagegen jeweils 100.000,- € bei Bank A auf dem Sparbuch deponieren und die zweiten 100.000,- € bei Bank B, dann verlieren Sie kein Geld, da die Einlagensicherung bei Bank A bis zum Betrag von 100.000,- € geht und bei Bank B ebenso auf 100.000,- €.
- Die gesetzliche Einlagensicherung von 100.000,- € gilt zwar in der gesamten Europäischen Union (EU), also auch in finanzschwächeren Ländern wie Portugal, Rumänien, Bulgarien, Zypern. Allerdings ist die Einlagensicherung national organisiert, d. h., je finanzschwächer das Land, in dem Sie Ihr Geld angelegt haben, umso unsicherer ist, ob Sie vollständig entschädigt werden. Bei solchen Banken sollten sie also nur einen kleineren Teil Ihres Kapitals als Risikobeimischung anlegen.
- Achten Sie dabei auf das Rating der großen Ratingagenturen wie Standard & Poor´s, bei denen die Skala von AAA (geringstes Ausfallrisiko, beste Qualität, höchste Sicherheit) über A+ (gute Sicherheit) bis zu B (geringere Sicherheit) und C oder sogar D (sehr geringe Sicherheit) geht.
- Bei einer bestehenden Lebensversicherung können Sie Aussetzung, Kündigung oder Widerspruch prüfen.

- Viele Widerspruchsbelehrungen von Lebensversicherungen aus dem Zeitraum Juli 1994 bis Ende 2007 sind fehlerhaft, so dass die ursprüngliche 2-Wochen-Frist für den Widerspruch noch nicht abgelaufen ist und auch heute noch der Widerspruch erklärt werden kann. Oftmals ist ein Widerspruch auch vorteilhafter als eine Kündigung.
- Es muss aber in jedem Einzelfall geprüft werden, ob bei Ausübung des Widerspruchs nicht der Einwand der „Verwirkung" eingreifen kann.

2.5 Immobilien: Ja, aber Vorsicht vor „Schrottimmobilien"!

„Geld allein macht nicht glücklich. Es gehören auch noch Immobilien und Grundstücke dazu." (Sprichwort)

Hohe Verluste mit „Schrottimmobilien" und geschlossenen Immobilienfonds

Mit einer Anlage in Immobilien ist es so eine Sache:

Viele Anleger(-innen) hatten in den letzten 30 Jahren erhebliche Verluste erlitten mit sog. „Schrottimmobilien", geschlossenen Immobilienfonds etc.
Viele interessierte Anleger(-innen) wurden mit der Angabe gelockt, hier in eine hervorragende Altersvorsorge zu investieren und mit dem Versprechen einer hoch ertragreichen Immobilie zum Vertragsschluss überredet. Oftmals wurde den Anlegern, denen die Immobilie vermittelt wurde, auch gleichzeitig ein Darlehen einer Bank mitvermittelt, mit dem die Anleger die Immobilie abbezahlen sollten und sich das Ganze oftmals von „alleine" tragen sollte, weil die Anleger(-innen) das Darlehen aus den Mieteinnahmen zurückbezahlen sollten. Wie sich dann mit der Zeit herausstellte, wurden in vielen Fällen den Anlegern weit überteuerte Immobilien verkauft. Viele Immobilien befanden sich nicht in einer guten Lage, wie versprochen wurde, sondern im Gegenteil in einer schlechten oder miserablen Lage, in vielen Fällen lag auch einfach nur „Lug und Betrug" vor.
Leider blieben nämlich in vielen Fällen die Mieteinnahmen aus und die Anleger(-innen) standen vor einem „Scherbenhaufen", weil sie

die Darlehensraten nicht mehr bezahlen konnten. In einigen Fällen waren Anleger komplett ruiniert und derart verzweifelt, dass sie sich sogar das Leben nahmen.

Gründe sind die, dass die Immobilien oftmals völlig überteuert an die Anleger(-innen) verkauft wurden mit saftigen Preiserhöhungen und Preisnebenkosten.

Abgegebene Mietgarantien erwiesen sich oftmals als völlig wertlos, da sich zeigte, dass in vielen Fällen hinter den Mietgaranten hemmungslos unterkapitalisierte GmbHs standen, die schnell in die Insolvenz gingen, wenn sie in Anspruch genommen wurden.

Hinzu kamen natürlich noch die hohen Kosten für das Darlehen: Wenn dann noch die Miete ausfiel, konnten Anleger(-innen) oftmals die monatlichen Raten nicht mehr bedienen und waren ganz schnell ruiniert.

Wer nun aber denkt, dass es sich beim Thema „Schrottimmobilien" lediglich um ein dunkles Kapitel der Vergangenheit handelt, dem sei gesagt: Weit gefehlt!

Meiner Beobachtung nach haben zahlreiche schwarze Schafe am grauen Kapitalmarkt die Masche mit den „Schrottimmobilien" zurzeit neu entdeckt, um Anleger(-innen) um ihr Geld zu bringen.

Gerade zurzeit wird unbedarften Anlegern wieder ganz verstärkt mit „Schrottimmobilien" das Geld aus der Tasche gezogen, und hierbei werden ganz perfide Methoden angewandt.

Oftmals erhalten Anleger(-innen) einen Telefonanruf, ein sog. „Cold Calling", in dem ihnen, ganz harmlos verpackt, mitgeteilt wird, dass sie an einer unverbindlichen „Meinungsumfrage" teilnehmen können. Die Opfer wissen also anfangs noch gar nicht, dass die Täter ihr Bestes wollen – nämlich ihr Geld.

Es werden neben völlig harmlosen und belanglosen Fragen, wie z. B. zur Tagespolitik auch Fragen zum Nettoeinkommen der Person oder des Haushalts gestellt, um abzuklären, ob die Person für ein Darlehen bei der Bank und eine Immobilie in Betracht kommt.

Wenn sich herausstellt, dass die Person ein geeignetes „Opfer" ist, wird ein weiterer Termin vereinbart, oftmals zum Thema „Steuern sparen".

Ein seriös wirkender und höflicher Mitarbeiter erscheint in einem dunklen Anzug und erklärt den Personen, dass sie hohe Steuern zahlen würden, was nicht notwendig sein würde und die Immobilieninvestition große Vorteile bringen würde.

Anschließend wird ein Hochglanz-Exposé vorgelegt und es wird mitgeteilt, dass man die passende Investition für den Kandidaten gefunden habe – nämlich eine exzellente Immobilie, bereits vollständig hochwertig saniert, schon vermietet und natürlich in 1 A-Lage.

Außerdem könne man der Amlegerin/dem Anleger gleich noch ein passendes Darlehen bei einer Bank vermitteln. Die monatlichen Darlehensraten würden sich durch die Mieteinnahmen und die Steuerersparnis wie von allein tragen, so dass sie nur einen geringen Betrag selbst hinzu zahlen müssten. Natürlich würde es einen potenten Mietgaranten geben, der im Fall des Leerstands die Miete weiterzahlen würde.

Außerdem wird den Kandidaten mitgeteilt, dass die Kaufnebenkosten der Verkäufer trägt und sie die Immobilie nach 5-10 Jahren mit hohem Gewinn verkaufen könnten.

Dass in vielen Fällen die Kaufnebenkosten auf den Kaufpreis einfach aufgeschlagen werden und eine Wertsteigerung der Immobilie völlig ausgeschlossen ist, weil die Immobilie bereits weit über dem reellen Wert verkauft wurde, erzählt man Ihnen nicht.

Spätestens jetzt schnappt „die Falle" bei vielen Opfern zu und sie sind weichgekocht.

Meine Bitte: Fallen Sie nicht darauf herein, sondern prüfen Sie, wenn Sie kontaktiert werden, wirklich auf Herz und Nieren, ob die Immobilie, die man Ihnen verkaufen will, werthaltig ist.
Im Zweifelsfall, wenn Sie das nicht wirklich kontrollieren können, heißt es: „Finger weg".

Auch mit „geschlossenen Fonds", die seit dem Jahr 2013, mit Einführung des Kapitalanlegerschutzverbesserungsgesetzes „Alternative Investmentfonds" hießen, mussten viele Anleger(-innen) oftmals hohe Verluste erleiden.
Geschlossene Fonds sind dabei unternehmerische Beteiligungen, bei denen sich ein(e) Anleger(in) lange mit seinem/ihrem Kapital beteiligt.

Bei einem geschlossenen Immobilienfonds wird das Geld also angelegt in Immobilien im In- und Ausland.
Deutsche Anleger hatten Milliardenbeträge in solchen geschlossenen Fonds (Immobilien-, aber auch z. B. Schiffsfonds) investiert. Alleine Kleinsparer beteiligten sich mit ca. 10 Mrd. Euro an diesen unternehmerischen Beteiligungen, wobei in geschlossenen Immobilienfonds ca. 84 % des Vermögens gebunden sind.[86]
Leider hatten deutsche Anleger(-innen) mit geschlossenen Fonds in der Vergangenheit oftmals Verluste erlitten, denn laut einer Auswertung der Stiftung Warentest aus dem Jahr 2015 hatten knapp 70 % der geschlossenen Fonds Anleger(-inne)n Verluste beschert, wohingegen nur 25 % am Ende der Laufzeit einen Gewinn aufwiesen, allerdings einen deutlich kleineren als in den Prospekten erwartet.[87]

Viele Anleger(-innen) hatten also mit der Anlage in Direktimmobilien und geschlossenen Immobilienfonds in der Vergangenheit hohe

Verluste bis hin zum Totalverlust erlitten, ob es gegenwärtig viel besser aussieht, ist fraglich.

Starker Anstieg der Immobilienpreise in Deutschland und weltweit durch die Niedrigzinsphase

Andererseits gelten Immobilien als krisensicher und ihnen haftet die Bezeichnung „Betongold" an, was aussagen soll, dass Immobilien sehr „sicher" sein sollen.

Auch die Zinsen sind zurzeit sehr günstig: In vielen Ländern hatte man nach der Finanzkrise die Zinsen drastisch gesenkt, um die Wirtschaft wieder in Schwung zu bringen und Unternehmen und Verbrauchern die Kreditaufnahme mit günstigen Zinsen zu erleichtern.

Lagen die Hypotheken-Zinsen in Deutschland im Jahr 2011 noch bei über 4 %, so waren sie stetig gefallen, auf aktuell sogar nur noch ca. 0,73 % bei zehnjähriger Zinsbindung.

Diagramm Entwicklung der Hypothekenzinsen

Quelle: Hypochart, URL: https://de.wikipedia.org/wiki/Immobilienfinanzierung#/media/Datei:Zinschart_20jahre.jpg, Abruf am 20.11.2020

Dabei handelt es sich um ein historisches Zinstief seit Bestehen der Bundesrepublik Deutschland.

Alleine dadurch war sehr viel Geld in den deutschen Immobilienmarkt geflossen, auch von ausländischen Investoren, weil der internationale Anlagedruck hoch war und die Immobilienpreise auf dem deutschen Immobilienmarkt im internationalen Vergleich als günstig eingeschätzt wurden. All das hatte dazu geführt, dass die Immobilienpreise in Deutschland in den letzten ca. 10 Jahren sehr stark angestiegen waren.

Immobilienboom geht an vielen vorbei, Mieter haben mit höheren Mieten zu kämpfen

Der grandiose Immobilienboom der letzten Jahre in Deutschland hat aber leider dafür gesorgt, dass sich viele normale Menschen oder auch die Mittelschicht keine Immobilie mehr leisten können.

Ende des Jahres 2019 z. B. kostete eine Eigentumswohnung in München teilweise etwa ca. 8.000 € pro Quadratmeter Wohnfläche[88], eine Summe, die sich viele Normalbürger trotz der niedrigen Zinsen oftmals nur schwer leisten können.

Trotz des Immobilienbooms der vergangenen Jahre hat Deutschland immer noch eine sehr geringe Immobilien-Eigentumsquote, denn gegenwärtig wohnen immer noch ca. 54 % der Deutschen zur Miete, wohingegen die Mieterquote am Wohnungsmarkt der meisten anderen EU-Länder höchstens 25 % beträgt.[89]
Einer Analyse des Branchenportals Immowelt zufolge waren die Mieten zwischen 2009 und 2019 in München um 61 %, in Nürnberg um 52 % und in Berlin sogar um 104 % gestiegen.[90]
Durch die erhöhten Mieten nimmt in Deutschland leider auch das Risiko der Verschuldung von Verbrauchern zu.
Dies ist natürlich sehr bedenklich, außerdem könnte die Situation für viele Betroffene noch deutlich schwieriger werden, wenn sich die Konjunktur in nächster Zeit, was auch aufgrund der Corona-Situation zu erwarten ist, weiter abschwächt und damit Kurzzeitarbeit oder gar Arbeitslosigkeit drohen…

Gefahr der Überhitzung der Immobilienpreise in deutschen Großstädten

Speziell in den Top-7-Städten wie Berlin, München, Hamburg, Köln, Frankfurt/Main, Stuttgart und Düsseldorf sind die Immobilienpreise in den letzten Jahren oftmals um 50 oder mehr Prozent gestiegen, in einigen Städten haben sich die Immobilienpreise in den letzten Jahren mehr als verdoppelt.

Damit nimmt auch die Gefahr der Überhitzung der Preise am deutschen Immobilienmarkt deutlich zu.

So hatte die Bundesbank Anfang des Jahres 2020 in ihrem Monatsbericht vor einer Überhitzung des deutschen Immobilienmarktes gewarnt:
Die Bundesbank spricht davon, dass sich zwar die Dynamik in den Städten 2019 abgeschwächt habe, aber die Preise das fundamental gerechtfertigte Niveau weiterhin übertroffen hätten. In den Städten in Deutschland seien die Hauspreise nach diesem Maßstab 15 bis 30 Prozent überhöht. Die Bundesbank spricht von „markanten Preisübertreibungen".[91]

Das bedeutet also, dass, wenn Sie jetzt eine Immobilie als Selbstnutzer, zur Altersvorsorge oder gar zur Kapitalanlage in einer deutschen Großstadt kaufen wollen, Sie Gefahr laufen, hiermit längerfristig Verluste zu erleiden, denn selbst wenn die Preise in deutschen Großstädten noch etwas steigen sollten, besteht für Sie die Gefahr, eine Immobilie in einer deutschen Großstadt zu teuer zu kaufen. Denn Sie dürfen nicht vergessen, dass beim Immobilienkauf noch erhebliche Nebenkosten auf Sie hinzukommen für Notar, Grundbuchamt etc. Wenn die Immobilie dann zum Großteil fremdfinanziert ist, können sich ausbleibende Einnahmen, höhere Kosten für Darlehen und niedrigere Immobilienwerte schnell zum Bumerang entwickeln.

Der Ausweg: Immobilien in kleineren Städten oder im Umland

Gibt es einen Ausweg oder ist auch eine selbst genutzte Immobilie oder Immobilie zur Kapitalanlage noch eine gute Investition?

Nun, nach wie vor bieten Immobilien einen guten Inflationsschutz: Zwar lag die Inflationsrate in den letzten Jahren auf einem langjährigen Tief, sie könnte aber in den nächsten Jahren auch wieder deutlicher steigen:
Zurzeit wird viel neues Geld in Umlauf gebracht, viele Staaten wie die Bundesrepublik hatten Konjunkturprogramme in Milliardenhöhe aufgelegt, um die von der Corona-Krise betroffene Wirtschaft zu stützen. Das bedeutet, dass in den nächsten Jahren sehr viel Geld auf ein gleichbleibendes oder sogar gesunkenes Warenangebot treffen könnte, womit die Preise für Waren steigen könnten und eine stärkere Inflation in Form von Preissteigerungen drohen könnte.

Schon einmal hatten die Deutschen sehr schlechte Erfahrungen gemacht mit erhöhter Inflationsrate, als nach dem verlorenen 1. Weltkrieg immer mehr Geld gedruckt wurde und somit immer mehr Geld im Umlauf war, das auf ein deutlich geringeres Angebot traf. Die Preise wurden für Verbrauchsgüter erhöht und stiegen und somit wurde 1923 eine „Hyperinflation" ausgelöst und das Geld war letztendlich nichts „mehr wert". Zum Schluss kostete ein Brotlaib 5,6 Milliarden Mark.[92]

Diagramm 100 Millionen DM-Schein aus dem Jahr 1923

Verlierer in dieser damaligen Hyperinflation war damals vor allem die untere Mittelschicht und somit sprichwörtlich der „kleine Mann", d. h. Personen, die ihr Geld in Form von Sparbüchern, Lebensversicherungen etc. angelegt hatten, die aber (noch) nicht genügend Geld hatten, um ihr Geld in Immobilien anzulegen.

Während also Sparer(-innen) ihr Geld in der Hyperinflation immer mehr verloren, waren Immobilieneigentümer davon weniger betroffen, da die Immobilien teilweise im Wert stiegen.

Auch wenn eine neue „Hyperinflation" wie in den 20er Jahren heutzutage, ehrlich gesagt, eher unwahrscheinlich sein dürfte, könnten deutlich höhere Inflationsraten von 2, 4, 5, 6, 7... % in den nächsten Jahren aber durchaus wahrscheinlich sein, womit der Sparerin/dem Sparer alleine hierdurch eine höhere Geldentwertung drohen könnte (bei z. B. 5 % Inflationsrate z. B. in 10 Jahren schon 50 % Geldverlust) und auch diesmal könnten die Gewinner die Eigentümer von Immobilien sein.

Raten möchte ich aber vor allem zu Immobilien, bei denen Sie wirklich die „Herrschaft" über diese haben. Und das sind aufgrund der oben beschriebenen Probleme grundsätzlich eher Einzelimmobilien anstatt Immobilienfonds (aufgrund des eher eingeschränkten Mitspracherechts) und hier eher nicht Immobilien, die Ihnen ein Anlageberater vermittelt hat, weil auch hier die oben beschriebenen Probleme drohen mit hohen Provisionen etc.

Glück können Sie beim Immobilienerwerb teilweise noch haben in B-Städten oder noch kleineren C- oder D-Städten und teilweise noch (oder nur in geringerem Umfang) in Kleinstädten oder im Umland. Hier ist das Preisniveau teilweise noch moderater und bietet einige Möglichkeiten, doch noch recht günstig eine Immobilie erwerben zu können.

Allerdings müssen Sie hier besonders stark selektieren und Sie sollten auch hier immer im Einzelfall prüfen, ob die Immobilie wirklich werthaltig ist, denn auch z. B. in einer D-Stadt wie Frankfurt an der Oder (und somit wirklich nicht der Nabel der Welt) waren die Immobilienpreise für Bestandswohnungen ebenfalls um 42,5 % (!) gestiegen.[93]

Allerdings ist die Wahrscheinlichkeit, dass Sie in kleineren Städten noch eine Immobilie zu einem vernünftigen Preis finden, deutlich größer als in den Großstädten, bei denen die Preise schon sehr stark angezogen sind.

Auch im Umland können Sie Glück haben. Allerdings sollten Sie hierbei beachten, dass Sie nicht eine Immobilie in einer strukturschwachen Region, wie z. B. in einigen Regionen in Ostdeutschland, erwerben, denn durch hohe Abwanderung droht hier die Nachfrage in manchen Regionen, dauerhaft niedriger zu werden (wenn auch selbstverständlich nicht in allen) und selbst, wenn Sie die Immobilie günstig kaufen, drohen hier Wertverluste.

Auch strukturschwache Städte wie Duisburg könnten in Zukunft mit höherer Arbeitslosigkeit zu kämpfen haben, weshalb die Nachfrage in Zukunft zurückgehen könnte. Andere Regionen im Umland von größeren Städten könnten dabei in Zukunft jedoch deutlich gefragter sein, wie z. B. die beiden Landkreise im Berliner „Speckgürtel" Dahme-Spreewald und Oder-Spree, die vom BER- und Tesla-Effekt profitieren, nämlich von der Fabrik des US-Elektrobauers und dem neuen Berliner Großflughafen[94], und somit nicht nur zahlreiche neue Arbeitsplätze geschaffen werden, sondern auch die Immobilienpreise weiter steigen dürften.

Gerade durch die gegenwärtige Corona-Krise dürften neue Arbeitsformen wie Homeoffice in Zukunft verstärkt an Bedeutung gewinnen, so dass etwas größere Entfernungen zur Stadt in Zukunft als weniger nachteilig empfunden werden könnten und somit auch die Immobilienpreise im Umland stützen könnten.

In kleineren Städten oder im Umland ist auch die Mietrendite oftmals höher als in den großen Städten. Das bedeutet, dass Sie höhere Einnahmen im Verhältnis zu Ihrem Investment erzielen.

Interessant ist aber natürlich nach wie vor für Immobilienkäufer, dass die Zinsen für Immobilienkredite sehr günstig und auf einem langjährigen Tief sind, wie weiter oben beschrieben.

Also besteht gegenwärtig noch die Möglichkeit, in kleineren Städten oder im Umland mit einem günstigen Kredit noch eine selbst- oder fremdgenutzte Immobilie zu erwerben und hiermit langfristig Gewinn zu erzielen.

Immobilien können also nach wie vor eine recht gute Anlage sein. Allerdings sollten Sie diese möglichst nicht in einer großen Stadt kaufen, in der die Preise schon stark gestiegen sind, sondern in kleineren Städten oder im Umland. Allerdings müssen Sie hier wirklich stark selektieren, d. h., die Region und den Standort der Immobilie wirklich genau prüfen, um keine Immobilie in einer Region zu kaufen, die „abgehängt" zu werden droht, denn dann helfen auch die günstigen Zinsen nicht.

Könnten durch die Corona-Krise die Immobilienpreise nicht langfristig einbrechen, fragen Sie sich vielleicht? Nun, die langfristigen Auswirkungen der Corona-Krise (oder auch einer eventuellen neuen Finanzkrise) sind zwar auf den Immobilienmarkt noch nicht genau abzusehen. Es ist aber eher davon auszugehen, dass vor allem Gewerbeimmobilien wie Hotel- oder Einzelhandelsimmobilien von einem Preisrückgang stark betroffen sein könnten, allerdings Wohnimmobilien doch vom Preis her langfristig recht stabil bleiben könnten, wenn sie sich in einer Region befinden, in der die Preise nicht schon überhitzt waren.

Praxistipp: Beachten Sie einige „goldene Regeln" des Immobilienerwerbs

Sie sollten einige „goldene Regeln" für den Immobilienerwerb beherzigen, um keine böse Überraschung zu erleben, denn jedes Jahr vernichten Immobilienkäufer viel Geld, weil sie gewisse Regeln nicht beachten.
- Zunächst sollten Sie nicht den Fehler wiederholen, den zahlreiche Käufer der sog. Schrottimmobilien gemacht hatten, und die Immobilie, die Sie kaufen wollen, unbedingt besichtigen. Nur so können Sie sehen, ob die Immobilie in einem guten Zustand ist, Reparaturstau besteht und das Umfeld der Immobilie überprüfen.
- Am besten geben Sie vor dem Kauf noch ein unabhängiges Sachverständigengutachten in Auftrag, das Sie teilweise schon für wenige hundert Euro erhalten, denn zahlreiche versteckte Mängel lassen sich für einen Laien nicht erkennen.
- Gerade in kleineren Städten oder im Umland ist die Lage oder das Umfeld der Immobilie sehr wichtig, denn auch die schönste Immobilie ist erheblich weniger wert, wenn sie abgelegen liegt. Geschäfte des täglichen Bedarfs, Schulen, Bus- und Bahnverbindungen und öffentliche Einrichtungen wie Behörden sollten daher nicht allzu weit entfernt sein. Selektieren Sie stark!
- Wenn Sie eine Immobilie finanzieren wollen, sollten Sie auf einen ausreichend hohen Eigenkapitalanteil von mindestens 20 % achten, denn bei einer höheren Fremdkapitalquote werden die Kosten für das Darlehen schnell zum „Bumerang": Je höher auch die Eigenkapitalquote, umso niedriger in der Regel auch die Zinsen für das Darlehen.
- Achten Sie auch darauf, dass das Darlehen von Ihnen möglichst

zügig zurückbezahlt wird, also auf eine ausreichend hohe Tilgung von einigen Prozent pro Jahr. Denn so manchem Immobilienkäufer war es schon zum Verhängnis geworden, dass die Tilgungsrate deutlich niedriger war und somit nach Ablauf der Zinsbindungsfrist von z. B. 10 Jahren das Darlehen immer noch zum Großteil nicht abbezahlt war.

- Auch sollten Sie auf eine möglichst lange Zinsbindung von ca. 10 bis 20 Jahren achten. Denn, wie erwähnt, sind die Zinsen gegenwärtig wieder sehr günstig: Aber was bringt Ihnen ein Zinssatz von gegenwärtig unter 1,0 % oder weniger, wenn die Zinsbindung nach 5 oder 10 Jahren ausläuft und Sie dann ab dem Zeitpunkt des Auslaufs der Zinsbindung nicht mehr 1,0 % Zinsen bezahlen müssen, sondern 3, 5 oder 7 %.
Nur durch eine möglichst lange Zinsbindung sichern Sie sich die derzeit sehr günstigen Zinsen über einen langen Zeitraum.

2.6 Engagieren Sie einen Vermögensverwalter, einen Schimpansen, einen Roboter … oder: ETFs & Co.

„Kaufen Sie Aktien, nehmen Sie Schlaftabletten und schauen Sie die Papiere nicht mehr an. Nach vielen Jahren werden Sie sehen: Sie sind reich."[95] (André Kostolany, Börsenlegende)

Welche Geldanlage kann noch Schutz bieten?
Als klassische Anlage, die auch in der Krise sinnvoll sein sollte, möchte ich Ihnen zu Aktien raten.

Deutsche Anleger sind „gebrannte" Kinder in Sachen Aktienanlage

Mit Aktien ist es so eine Sache:
Die Deutschen sind sehr vorsichtig in Sachen Aktienanlage, und zwar nicht ganz zu Unrecht, denn sie hatten schlechte Erfahrungen mit Aktien gemacht zur Zeit des sog. Neuen Marktes.
Dieses neue Börsensegment wurde 1997 bei der Deutschen Börse als der „Neue Markt" eingeführt, bei dem New Economy-Firmen mit „Neuen Technologien" vertreten sein sollten und Anleger in sog. Zukunftsbranchen wie IT, Multimedia, Biotech etc. investieren konnten.

Viele Internetfirmen mit nichts anderem als einer verwogenen Geschäftsidee wurden plötzlich zu Börsenstars hochgejubelt mit angeblich glänzenden Zukunftschancen und waren auf einmal etliche Millionen wert, obwohl viele Neue-Markt-Firmen noch überhaupt keine Gewinne oder auch nur Umsätze erwirtschafteten, sondern oftmals nur eine fantasievolle Geschäftsidee vorzuweisen hatten.

In den Jahren 1997 bis 2000 stieg der Neue-Markt-Index auch stark an: von ca. 500 Punkten im Jahr 1997 auf den Rekordstand von fast 9000 Punkten im Jahr 2000 – die Kurse hatten sich also in 3 Jahren vervielfacht!

Wenige Anleger konnten damals den Verlockungen des Neuen Markes widerstehen.
Die Börsenzeitschriften waren voll mit Aktien, die bereits mehrere 100 % gestiegen waren und angeblich nochmals um weitere mehrere hundert Prozent steigen würden.
Ich kann mich noch gut erinnern an diese Zeit: Diverse Bekannte,

die ebenfalls vom Börsenvirus infiziert waren, fragten mich, warum ich allen Ernstes noch nicht in „Neue-Markt-Aktien" investiert hätte, sie hätten schon hohe Gewinne erzielt und würden noch viel höhere Gewinne erwarten.
Mir war das Ganze jedoch von Anfang an zu suspekt, ich investierte nicht.
Die teils horrenden Bewertungen und Kurs-Gewinn-Verhältnisse konnten auch nicht mehr gerechtfertigt sein durch angeblich in der Zukunft lockende sensationelle Gewinne, die die Unternehmen erzielen würden.
Es kam, wie es kommen musste:
Der „Neue Markt" stürzte spektakulär ab.
Im September 2000 kam es zur ersten Insolvenz:
Gigabell musste Insolvenz anmelden, im Mai 2001 ging es dann weiter mit der Insolvenz der Infomatec AG, bei der sich auch herausstellte, dass sie falsche Ad-hoc-Meldungen herausgegeben hatte. Die Abwärtsbewegung wurde anschließend verstärkt durch etliche Skandale diverser Neuer-Markt-Unternehmen, bei denen auch betrügerisches Handeln vorlag.

Die Deutsche Börse zog schließlich im Jahr 2003 die „Reißleine":
Das Ganze Segment „Neuer Markt" wurde am 05.06.2003 geschlossen. Diverse Anleger(-innen), viele Kleinanleger hatten erhebliche Verluste erlitten bis hin zum Totalverlust, einige waren auf dem Papier sogar kurzfristig zu Millionären geworden, um im anschließenden Crash wieder alles zu verlieren.
Auch in meinem Freundeskreis gab es Verlierer:
Als ich einige Zeit später bei denselben Bekannten nachfragte, was aus ihrem Investment geworden war, waren viele verstummt, und, wie sie kleinlaut einräumten, hatten sie erhebliche Verluste erlitten.

Ein Freund von mir, Peter, hatte sogar ca. 25.000,- € Schulden, weil er einen hohen Kredit aufgenommen hatte, den er mit den Kurssteigerungen der gekauften Aktien zurückbezahlen wollte, die nun aber wertlos waren.

Das Vertrauen vieler deutscher Anleger(-innen) in den Aktienmarkt war anschließend rapide gesunken, denn nach dem Neue-Markt-Crash sank die Zahl der deutschen Anleger(-innen), die ihr Geld auch in Aktien investierten, wieder.
Im Jahr 2019 lag die Aktionärsquote in Deutschland bei lediglich ca. 15,2 %[96] und ist somit im internationalen Vergleich sehr niedrig. Über 84 % der Deutschen haben somit keine Aktien.
Allerdings sollten Sie hierbei Folgendes berücksichtigen:
Aktien sind langfristig eine gute Anlage, gerade im Vergleich zu anderen Anlagen wie Sparbuch, Lebensversicherungen, zweifelhaften Anleihen etc., bei denen Ihnen im schlimmsten Fall der Totalverlust droht oder im besten Fall mit den gegenwärtigen Niedrigzinsen droht, dass Ihr Geld über einen längeren Zeitraum immer weniger wert wird und Sie somit schleichend enteignet werden.
Langfristig gesehen haben Aktien mit die beste Rendite im Vergleich zu allen anderen Anlageklassen erbracht und erzielten im langfristigen Vergleich eine Rendite von ca. 8 % jährlich.

Zwar dürften auch Aktien in der Krise oder bei einem neuen Finanz-Crash erheblich an Wert verlieren, jedoch sollten diese Verluste nicht von Dauer sein.
Auch in vergangenen schlimmen Finanzcrashs konnten Aktien ihre Verluste in der Regel relativ schnell wieder ausgleichen, zumal sich hierbei eventuell sogar recht günstige Kaufkurse ergeben könnten.
Analysen zufolge gab es in den vergangenen 50 Jahren keinen einzigen

Zeitraum von mehr als 15 Jahren, in dem ein(e) Anleger(in) letztlich Verluste gemacht hatte.

Diagramm Rendite mit Aktien

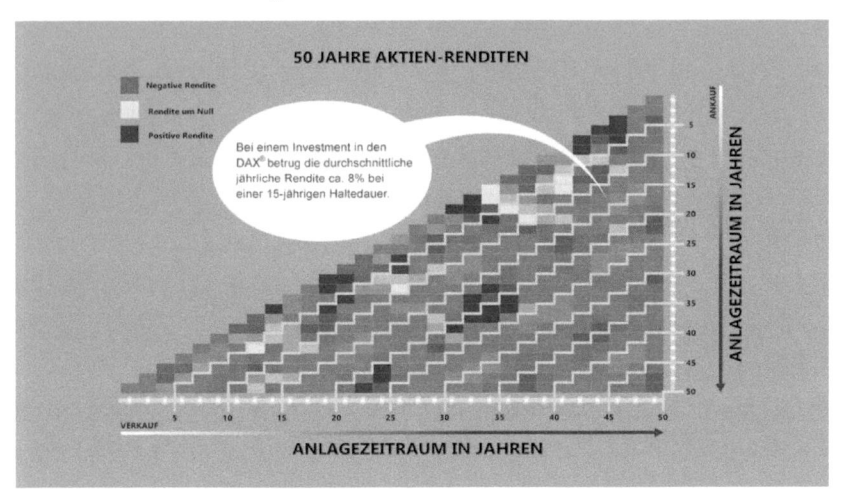

50 JAHRE AKTIEN-RENDITEN

Negative Rendite / Rendite um Null / Positive Rendite

Bei einem Investment in den DAX® betrug die durchschnittliche jährliche Rendite ca. 8% bei einer 15-jährigen Haltedauer.

ANLAGEZEITRAUM IN JAHREN

Quelle und freundliche Erlaubnis: Börse Frankfurt, URL: https://www.boerse-frankfurt.de/einstieg/auf-der-suche-nach-rendite, Abruf am 03.1.2020

Egal, zu welchem Zeitraum die/der Anleger(-in) anlegte, war sie/er spätestens nach 15 Jahren wieder im Plus. Selbst wenn die Anlegerin/der Anleger im Jahr der Finanzkrise eingestiegen war, und die Aktien bis Ende 2018 hielt, erzielte er in den zehn Jahren danach im Schnitt 8,2 % Rendite pro Jahr. Wer mindestens 14 Jahre angelegt hatte, machte nie einen Verlust.[97]

Engagieren Sie einen Vermögensverwalter, einen Schimpansen oder Roboter als Ihren Geldanlage-Manager

Mit Aktien stellen sich natürlich weitere Fragen:
Wie schaffen Sie es, gute Aktien von schlechten Aktien zu unterscheiden? Das bedeutet nicht unerheblichen Aufwand bei der Analyse und täglichen Beobachtung, außerdem viel Know-how.
Sollten Sie also professionelle Hilfe in Anspruch nehmen in Form von Vermögensverwaltern oder Aktienberatern? Nun, auch das ist so eine Sache. Denn so gibt es zwar gute Vermögensverwalter, die auch ordentliche Renditen mit ihren Aktien-Depots erzielen, allerdings ist hierfür in vielen Fällen ein gewisses Mindestkapital erforderlich, teilweise fallen hohe jährliche Kosten an und in diversen Fällen halten die Geldvermehrer nicht das, was sie versprechen.
Sollten Sie also einen Vermögensverwalter engagieren wollen, so sind natürlich die bisher in der Vergangenheit von ihm erzielten Renditen ein wichtiger Anhaltspunkt, aber nicht der Einzige. Denn nachfragen sollten Sie auch, welche Risiken der Vermögensverwalter eingegangen ist, um seine Renditen zu erzielen. Wenn der Vermögensverwalter riskantere Geldanlagen tätigt oder spekulativere Aktien kauft, kann er zwar kurzfristig höhere Renditen erzielen, allerdings in schlechten Phasen dann auch schnell Verluste machen.

Studien haben auch gezeigt, dass selbst renommierte Experten bei der Aktienanlage nicht unbedingt bessere Ergebnisse erbringen als der Zufall.
So wurde vom US-amerikanischen Institut Research Affiliates ein bemerkenswertes Experiment durchgeführt, in dem ca. 100 Schimpansen für jedes Jahr von 1964 bis 2010 eine Liste mit 1.000 Aktien an die Wand gehängt bekamen und durch Dart-Würfe die Portfolios mit

Aktien auswählten. Das überraschende Ergebnis: Das von den Affen zufällig zusammen gestellte Aktien-Portfolio erzielte eine deutlich bessere Rendite als der Gesamtmarkt.[98]

In einer neueren Studie der Cass Business School in London aus dem Jahr 2013 ergaben sich dieselben Ergebnisse: Auch hier durften die Affen (hier wurden wohl Affen-Gehirne mit Computern simuliert) jeweils 1000 Aktien auswählen und erzielten zur großen Überraschung hier sogar bessere Ergebnisse als vielbejubelte Investment-Experten.[99]
Das Fazit ist also, dass auch hochkarätige Börsenexperten und Investmentgurus mit ihren Prognosen teilweise nicht sehr viel bessere Ergebnisse erzielen als der Zufall.

Auch das sog. „Robo-Advising" ist zurzeit immer mehr im Kommen: Momentan gibt es diverse Unternehmen in Deutschland, die „Robo-Advising" anbieten.
Die Geldanlage sollen dann in der Tat die Robo-Advisors für Sie erledigen, d. h., Algorithmen, die Ihr Depot zusammenstellen und sich darum kümmern.
Was sich gegenwärtig vielleicht noch ein bisschen neu und unwirklich anhört, dürfte sich in den nächsten Jahren zum großen Trend entwickeln und in ca. 5-10 Jahren dürfte vermutlich kein Geldinstitut oder Vermögensverwalter mehr ohne Robo-Advising auskommen, wobei es sogar Experten gibt, die der Ansicht sind, dass der Roboter in näherer Zukunft bessere Anlageentscheidungen treffen wird als der Mensch.
Beim Robo-Advising wird zunächst eine Risikoanalyse durchgeführt und Ihr Anlagetyp festgelegt, dann werden die Anlageklassen ausgesucht.

Interessant ist die oftmals günstige Verwaltungsgebühr beim Robo-Advising, die teilweise in einem Bereich von ca. 0,3 % pro Jahr liegt. Wer es genau wissen will, der sei auf eine Analyse der Zeitschrift „Finanztip" vom 10.06.2020 verwiesen, die im April und Mai 2020 die wichtigsten Anbieter im Bereich Robo-Advising analysiert hatte.[100]
Wichtig zu wissen ist für Sie jedenfalls, dass Ihr Geld im Fall einer Insolvenz des Robo-Advising-Anbieters Ihnen gehört, da es sich um sogenanntes Sondervermögen handelt und nicht zur Insolvenzmasse des Unternehmens zählt.
Es bleibt somit spannend, zu sehen, wie sich der Bereich des „Robo-Advising" in Zukunft weiterentwickeln wird.

Die Lösung: Aktienfondssparpläne über einen langen Zeitraum

Nun, Spaß beiseite, falls Sie also keinen Schimpansen (oder Roboter) mit Ihrer Aktienauswahl beauftragen wollen, können Sie auch selber in Aktien investieren.
Voraussetzung ist aber unbedingt, dass Sie die Risiken erheblich streuen, d. h., Sie sollten niemals auf eine einzige Aktie setzen, also auch nicht in einen Aktiensparplan investieren, der Ihr Geld nur in eine einzige Aktie investiert oder wenige Aktien, sondern es sollte eine große Bandbreite von marktgängigen Aktien, mindestes 30-100, in Ihrem Portfolio vertreten sein. Hier sind Aktienfondssparpläne eine sehr sinnvolle Anlagemöglichkeit, denn wenn eine Aktie, auf die Sie gesetzt haben, in die Insolvenz geht, haben Sie einen Totalverlust zu verzeichnen, was Ihnen bei einem breit gestreuten Aktien-Fonds nicht passieren kann. Denn, selbst wenn hier einige Totalausfälle zu verzeichnen sein sollten, ist unwahrscheinlich, dass alle Unternehmen

und somit alle Aktien ein „Totalausfall" sind. Auch sollten Sie berücksichtigen, dass der Aktienfonds in Standardwerte investiert, also keine „marktengen" Werte oder keine hochspekulativen Aktien.

Allerdings ist es bei Aktien immer schwierig, den richtigen Einstiegszeitpunkt zu erwischen. Denn was bringt es Ihnen, wenn Sie zu Höchstkursen Aktien kaufen, dann jedoch im nächsten Crash die Kurse um 50 oder mehr % einbrechen?

Aber auch hier sind Aktien-Fondssparpläne, bei denen Sie jeden Monat eine gleichbleibende Summe investieren, eine gute Möglichkeit, um zwischenzeitliche Kursschwankungen auszugleichen.
Wenn Sie ab diesem Jahr z. B. 100, 200, 300,- € oder wieviel auch immer € monatlich in einem Aktien-Fondssparplan anlegen, der in zahlreiche Standardwerte investiert, und dann z. B. nächstes oder übernächstes Jahr der Crash kommt, verliert zwar Ihr bisheriges Aktiendepot erheblich an Wert, allerdings können Sie dann wegen des „Cost-Average-Effektes" mit der monatlichen Anlagestrategie günstig nachkaufen, so dass Sie über die Jahre hinweg doch wieder einen recht günstigen Durchschnittskurs erreichen und auf lange Sicht Wertsteigerungen erzielen können.
Voraussetzung ist dabei aber ein Anlagehorizont von Ihnen, der lange genug ist und mindestens 5-10 Jahre betragen sollte, um zwischenzeitliche Kursschwankungen oder gar „Crashs" verdauen zu können.
Denn, wenn Sie Ihren Aktien-Fondssparplan z. B. schon nach 3-5 Jahren auflösen wollen, riskieren Sie, falls die Kurse doch einbrechen sollten, Verluste.
Wichtig ist aber bei Aktien-Fondssparplänen (wie bei den meisten anderen Anlagen), dass die jährlichen Fondsgebühren im Rahmen bleiben, wenn Sie aber Ihren Aktiensparplan kaufen und monatlich

weiterlaufen lassen, kosten aktiv gemanagte Aktienfonds in der Regel mindestens 1,5 bis 2 % an Jahresgebühren sowie teilweise noch ca. 5 % Ausgabeaufschlag, was Sie bei Ihrer Anlage berücksichtigen sollten.

ETF´s: Gute Anlage mit geringen Kosten – Aber auch hier die Risiken nicht übersehen

„Investiere 10 Prozent in kurzfristige Staatsanleihen und 90 % in einen günstigen S & P-Indexfonds."[101] (Warren Buffet, ehemals reichster Mann der Welt)

Gerade wegen der möglichen Kosten gibt es sogar inzwischen noch eine weitere, relativ gute Anlagemöglichkeit, die ETF`s.
ETF`s, sogenannte „Exchanged Traded Funds", sind Produkte, die wichtige Indizes, in der Regel große Aktienindizes, abbilden, und deren Kursentwicklung verfolgen und dafür oftmals auf ein aktives Fondsmanagement verzichten.
Da wir oben gesehen haben, dass auch erfolgreiche Fondsmanager oftmals keine höhere Rendite erwirtschaften als der Durchschnitt, ist es durchaus eine gute Idee, über ETF`s in einen breiten Korb verschiedener Aktien in einem Leitindex zu investieren. Dadurch, dass ETF`s in vielen Fällen auf ein aktives Fondsmanagement verzichten, sind sie oftmals von den Gebühren her gesehen sehr günstig und auch gut als langfristige Anlage oder sogar zur Altersvorsorge geeignet.
Während aktiv gemanagte Aktienfonds oftmals ca. 1,5-2 % an laufenden jährlichen Kosten verursachen, betragen diese bei vielen ETF`s oftmals nur 0,2-0,6 % jährlich.
Vor einiger Zeit war bekannt geworden, dass der legendäre Investor

und einstmals reichste Mann der Welt Warren Buffet in seinem Testament verfügt hatte, dass seine Frau nach seinem Tod das geerbte Geld zu 90 % in einem einzigen Indexfonds auf den S & P-500-Index, den zweitgrößten US-amerikanischen Aktienindex, anlegen soll. Ein ETF auf eine Vielzahl von Aktien, marktbreit aufgestellt und mit einer geringen Kostenquote, eignet sich laut Buffet sehr gut, um gut diversifiziert in Aktien zu investieren.[102]

Was Warren Buffet seiner Ehefrau empfiehlt, ist auch für Sie nicht schlecht. ETF`s sind eine gute Form der Geldanlage, gerade weil wir oben gesehen haben, dass auch hochkarätige Aktienexperten teilweise keine besseren Ergebnisse erbringen als der Zufall. Auch Sie sollten allerdings darauf achten, dass Sie in einen ETF investieren, der Ihr Geld breit streut, wie z. B. den DAX, noch besser den S & P 500 oder den MSCI World Index, der mehr als 1.600 Aktien großer und mittlerer Unternehmen aus 23 Industrieländer umfasst.

Im Insolvenzfall sind Sie mit einem ETF gut geschützt, denn Geld, dass in ETF`s angelegt ist, ist sog. Sondervermögen. Wenn also Ihr ETF-Anbieter in die Insolvenz geht, müssen Sie nicht – wie bei den Lehman-Zertifikaten – befürchten, dass auch das Geld in Ihrem ETF „weg ist", sondern die Fondsanteile gehören Ihnen weiterhin.

Jedoch sollten Sie berücksichtigen, dass es Unterschiede bei den ETF`s gibt:

So gibt es zum einen physische ETF`s. Das sind ETF`s, die auch wirklich alle Aktien kaufen, die in dem von ihnen abzubildenden Index abgebildet sind.

Weiterhin gibt es aber noch die sog. „synthetischen ETF`s, bei denen Anlegern vom Anbieter zwar versprochen wird, dass sie die Wertentwicklung des zugrunde liegenden Index abbilden, die aber doch völlig andere Werte enthalten können und bei denen Ihnen dann der Anbieter verspricht, die Wertentwicklung auf den Index wieder auszubezahlen.

Bei den synthetischen ETFs besteht, meiner Ansicht nach, in einer Extremphase wie einem großen neuen Finanzcrash die Gefahr, dass diese ETF-Anbieter ihre Verpflichtungen nicht mehr erfüllen können, weil sie das Geld anderweitig angelegt haben und nicht im jeweiligen Index.

Von daher empfehle ich Ihnen zur Sicherheit, Ihr Geld nur in einem physischen ETF anzulegen, das heißt, in einem ETF, der Ihr Geld auch wirklich in die Aktien des Index investiert.

Praxistipp:

- Eine Investition in Aktien kann eine sinnvolle Alternative für Sie sein, gerade auch für Sparerinnen und Sparer.
- Wenn Sie in Aktien investieren, beherzigen Sie folgende Regeln:
- Kaufen Sie, wenn Sie kein Profianleger sind, niemals nur eine Einzelaktie.
- Legen Sie Ihr Geld langfristig in Aktien an (mindestens 5-10 Jahre, um zwischenzeitliche Kursschwankungen zu verschmerzen).
- Streuen Sie Ihr Aktieninvestment breit, d. h., kaufen Sie Aktien von zahlreichen Aktiengesellschaften aus marktbreiten Indizes wie DAX, S & P 500 etc.
- Kaufen Sie keine Aktienfonds mit marktengen Werten oder spekulativen Aktiengesellschaften.
- Kaufen Sie am besten Aktien über monatliche Sparraten über einen breit anlegenden Aktienfonds oder noch besser ETF, aber nur über einen natürlichen ETF.
- Lassen Sie die Finger von synthetischen und somit „künstlichen" ETF`s.

- Zwischenzeitlich fallende Kurse sind eine gute Möglichkeit, um über einen Aktienfondssparplan oder ETF-Aktien günstig nachzukaufen.
- Lassen Sie die Finger von Optionsscheinen: Diese sind nur etwas für Profianleger, es droht der Totalverlust.
- Kaufen Sie niemals Aktien auf Kredit. Wenn die Aktien fallen, droht der Totalverlust.

2.7 Der kometenhafte Aufstieg, Absturz und die „Wiederauferstehung" des Bitcoin: Investieren in Kryptowährungen?

„Wahrscheinlich Rattengift zum Quadrat."[103] *(Warren Buffet im Jahr 2018 zur Kryptowährung Bitcoin)*

Auch Kryptowährungen sind gerade dabei, das weltweite Finanzgefüge nachhaltig zu verändern.

Die bekannteste Kryptowährung ist wohl der Bitcoin.

Aus der „Taufe gehoben" wurde sie 2011 von einer unbekannten Person oder Personengruppe namens Satoshi Nakamoto.[104] Wer dahinter steckt, ist nicht klar.

Neben dem Bitcoin sind auch andere Kryptowährungen erfunden worden, insgesamt gibt es gegenwärtig ca. 3.000 Kryptowährungen.

Kryptowährungen sind Geld in Form digitaler Zahlungsmittel. Sie werden anders als normales Geld nicht von Zentralbanken oder Notenbanken hergestellt.

Fakt ist, dass der Bitcoin in den letzten Jahren einen geradezu kometenhaften Aufstieg vorgenommen hatte – auf einen Kurs von ca. 15.000 Euro pro Bitcoin. Allerdings erfolgte z. B. im Jahr 2018 eine deutliche Konsolidierung, ein regelrechter Bitcoin-Crash, der nichts für schwache Gemüter war: Der Bitcoin stürzte damals jäh ab auf Kurse von unter 3.000 Euro pro Bitcoin Ende 2018, um sich wieder zu erholen. Auch im Jahr 2020 stürzte der Kurs nochmals ab auf unter 5.000 Euro, um sich bis zum Zeitpunkt des Druckschlusses dieses Buches wieder auf ca. 15.000 Euro pro Bitcoin zu erholen (womit das Rekordhoch von fast 20.000 Dollar, erreicht Ende 2017, immer näher rückt). Keine Frage: Solche Kurskapriolen sind nicht für schwache Nerven!

Diagramm Kursentwicklung Bitcoin

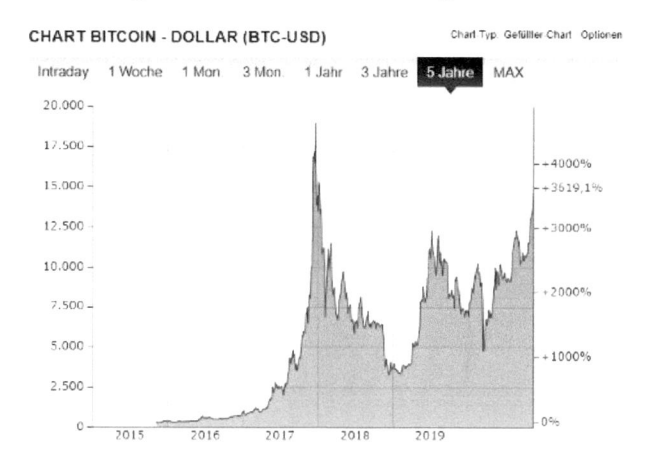

Quelle: Finanzen, URL: https://www.finanzen.net/devisen/bitcoin-euro/chart, Abruf am 20.11.2020

Fest steht, dass Befürworter und Gegner von Kryptowährungen völlig gegensätzliche Meinungen vertreten, wie es mit Kryptowährungen wie dem Bitcoin weitergehen wird und sich teilweise erbitterte Wortgefechte liefern, wenn sie nach ihrer Meinung gefragt werden.

Nicht nur der legendäre Investor Warren Buffet, der mit dem oben erwähnten Zitat seine Meinung zum Bitcoin wiedergegeben hatte, ist ein großer Kritiker von Kryptowährungen, sondern auch z. B. der renommierte US-Wirtschaftsprofessor Nouriel Roubini, der den Bitcoin schon einmal als „Mutter des Betrugs" und „Shitcoin" bezeichnet hatte.[105]

Andere Krypto-Währungs-Experten erwarten dagegen, dass der Bitcoin-Kurs deutlich ansteigen und in den nächsten Jahren sogar auf einen Kurs von 1 Mio. US-Dollar steigen könnte.[106]
Während diverse Marktbeobachter Kryptowährungen wie dem Bitcoin also einen Crash und ein baldiges Ende in der Versenkung prophezeien, rechnen andere Marktbeobachter damit, dass Kryptowährungen das Finanz- und Zahlungssystem nachhaltig verändern, gar zu einer „Revolution" des Finanzsystems führen könnten – und gerade in Zeiten der Corona-Krise das Vertrauen in Fiatwährungen wie Euro oder US-Dollar schwinden könnte und Kryptowährungen wie der Bitcoin sich zum „sicheren Hafen" entwickeln könnten.

Ob dies nun wirklich der Fall sein wird, wie die Optimisten behaupten, sie sozusagen zu einer Demokratisierung unseres Geldsystems führen werden, weil wir in Zukunft nicht mehr von Zentralbankgeld abhängig sein werden und sie sich als neues Zahlungsmittel durchsetzen werden, eventuell sogar unser bisheriges Zahlungs- und Bankensystem ablösen werden und die Nachfrage stark zunehmen dürfte oder ob es sich um eine reine Spekulationsblase handelt, die zu „einem bösen Ende" führen wird, ist somit leider unsicher. Was den Kryptowährungen z. B. noch fehlt, ist auch die wirklich flächendeckende Zahlungsmöglichkeit mit ihnen, die im Vergleich zu Fiatwährungen immer noch nicht in ausreichendem Maße gegeben ist.

Kryptowährungen wie der Bitcoin haben allerdings auch Vorteile: Der Bitcoin hatte teilweise in der Vergangenheit eine geringe „Korrelation" zu anderen Anlageklassen wie z. B. Aktien (er stieg als teilweise im Wert, während z. B. andere Anlagen wie Aktien fielen und umgekehrt). Investitionen in Kryptowährungen könnten somit zur Absicherung eines Depots beitragen.

Ein recht gutes Zeichen ist auch, dass Kryptowährungen wie dem Bitcoin – vor allem aus dem Lager der klassischen Banken – schon öfter das „baldige Ende" prognostiziert wurde, sie aber immer noch, Ende 2020, da sind und inzwischen auch das Interesse von „institutionellen Anlegern", also „Profianlegern" wie Banken, am Bitcoin gestiegen ist und diese ebenfalls dort mehr investieren.[107] Das könnte dafür sorgen, dass demnächst eine größere Geldmenge in Kryptowährungen wie den Bitcoin investiert wird und das Interesse an Kryptowährungen wie dem Bitcoin doch in Zukunft größer werden könnte, was stützend wirken könnte. Paypal z. B. hatte ebenfalls im Oktober 2020 bekannt gegeben, auch Bitcoin-Transaktionen und den Bitcoin-Kauf zuzulassen. Am 12. November soll der Bitcoin bei Paypal für den US-Markt freigeschaltet worden sein, was ebenfalls stützend wirkt.[108]

Die EU will inzwischen auch den Markt für Kryptowährungen neu regeln und mit scharfen Auflagen für Herausgeber von Kryptowährungen wie Bitcoin die Anleger besser schützen.[109]

Das ist ebenfalls sehr zu befürworten und könnte Kryptowährungen wie dem Bitcoin zu mehr Seriosität verhelfen und auch Europa in diesem Bereich eine globale Vorreiterstellung verschaffen, die weitere Entwicklung bleibt hier abzuwarten.

Der Kryptowährungsmarkt wird auch immer wieder von Skandalen erschüttert. Dabei waren in der Vergangenheit des Öfteren Handelsplattformen „gehackt" worden und diverse Coins wurden gestohlen.

Anleger(-innen) z.B., die ihr Geld dem asiatischen Wallet-Betreiber Plus Token überwiesen haben, kommen seit letztem Jahr nicht an ihr Geld.
Plus Token hatte Anlegern 6-18 % monatliche Rendite versprochen, die unter anderem mit Arbitragehandel und dem Handel mit Kryptowährungen erzielt werden können sollten.
Bei dem Betreiber, der Medienberichten zufolge mehrere Milliarden US-Dollar von Anlegern, auch etliche Millionen von deutschen Anlegern, eingesammelt haben soll, ist die Situation schwer abzuschätzen. Gerüchten zufolge soll es zu einem „Exit-Scam" gekommen sein, was nichts anderes bedeutet, als dass sich die Betreiber mit den Anlegergeldern „aus dem Staub" gemacht haben sollen. Medienberichten zufolge soll es inzwischen durch die chinesische Polizei zu diversen Verhaftungen von Verdächtigen gekommen sein.[110] Auch die polnische Krypto-Börse Bitmarket, wohl ehemals die zweitgrößte Krypto-Börse Polens, musste im Juli 2019 wegen „Liquidationsverlustes" ihren Betrieb schließen (wobei nicht klar ist, ob hier ein „Hack", „Exit Scam" oder Missmanagement vorliegt). Der ehemalige Mitbesitzer von Bitmarket wurde inzwischen tot mit einer Kugel im Kopf aufgefunden, wobei noch nicht klar sein soll, ob es sich um Mord oder Selbstmord handelte.[111]

Chancen und Risiken liegen daher eng beieinander, es könnte der Totalverlust drohen, genauso wie starke Kurssteigerungen möglich sein könnten.

Selbst wenn sich Kryptowährungen generell durchsetzen sollten, was, wie gesagt, nicht sicher ist, bleibt ein weiteres Problem: Haben Sie dann in die richtige Kryptowährung investiert?
Wie erwähnt, gibt es gegenwärtig bereits ca. 3.000 verschiedene Kryptowährungen und selbst, wenn sich Kryptowährungen generell durchsetzen sollten, bleibt immer noch die Gefahr, dass sie dann

trotzdem auf´s „falsche Pferd" gesetzt haben, d. h., in eine Kryptowährung investiert haben, die sich doch nicht durchsetzt, sondern wieder vom Markt verschwinden wird.

Meine Empfehlung ist daher, dass lediglich „mutige", also spekulativ eingestellte Anleger (also keine „konservativen" Anleger) in Kryptowährungen investieren sollten, allerdings nur in Bitcoin, weil beim Bitcoin die Chance, dass er sich als alternatives Bezahlungsmittel durchsetzen wird und seiner Wertspeicherfunktion gerecht wird, von allen Kryptowährungen am größten ist, und nur in geringem Umfang von ca. 1-3 Prozent ihres verfügbaren Vermögens.

Auf jeden Fall drohen die Kurse von Kryptowährungen zumindest weiterhin, wie auch in den letzten Jahren bereits, extrem volatil zu bleiben, das heißt, mit enormen Schwankungen sowohl nach oben als auch nach unten. Sollten Sie also zu den „mutigen" Anlegern gehören und in der Tat einen kleinen Teil ihres Vermögens in Bitcoin investieren wollen, sollten Sie nicht in „Panik" verfallen, wenn die Kurse kurzfristig auch stark sinken, denn dann besteht die Gefahr, dass Sie mit erheblichen Verlusten verkaufen, die Sie später vielleicht wieder hätten ausgleichen können.

Praxistipp:

- Die weitere Entwicklung von Kryptowährungen wie Bitcoin und Co. ist schwer vorherzusehen.
- Investieren Sie nur einen kleinen Teil Ihres Vermögens in Kryptowährungen.
- Bei einer Anlage in Kryptowährungen handelt es sich um eine hochspekulative Anlageform, bei der hohe Verluste, aber auch sehr hohe Gewinne möglich sein könnten.

- Die Volatilität ist hoch und die zwischenzeitlichen Kursschwankungen sind nichts „für schwache Nerven".
- Sie sollten bei einer Investition in Kryptowährungen zwischenzeitliche Kursschwankungen verschmerzen können und nicht „panikartig" bei einem plötzlichen Kursrutsch verkaufen, es könnte anschließend wieder bergauf gehen.
- Im schlimmsten Fall droht aber auch der Totalverlust
- Lediglich „mutige" Anleger sollten 1-3 % ihres Vermögens in Kryptowährungen wie den Bitcoin investieren.

2.8 Rettungsanker Gold

„Gold ist eine Kostbarkeit. Jedem, der es besitzt, erfüllt es alle Wünsche dieser Welt und verhilft den Seelen ins Paradies".[112] (Christoph Kolumbus, Seefahrer)

Seit Jahrtausenden investieren Menschen in das Edelmetall Gold und sind von ihm fasziniert.
Als im 19. Jahrhundert im Klondike und anderswo in den USA der „Goldrausch" ausbrach, verließen tausende von Menschen ihren Arbeitsplatz, ließen sich vom „Goldfieber" anstecken und versuchten ihr Glück bei der Goldsuche.
Nachdenken sollten Sie auch heute noch über eine Anlage in Gold als Rettungsanker in der Krise und „sicheren Hafen".
Dabei sollen die Nachteile von Gold nicht verschwiegen werden:
So bringt Gold keine jährlichen Zinsen oder Dividenden, ein großer Nachteil im Vergleich zum Beispiel zu Aktien oder Anleihen, wo Sie jährlich Ihre Ausschüttungen erhalten.
Wenn Sie Gold kaufen, müssen Sie auch berücksichtigen, dass

teilweise hohe Gebühren beim Kauf oder Verkauf entstehen. Außerdem müssen Sie das Gold irgendwo lagern, was bedeutet, dass auch hierfür Kosten entstehen.

Denn wenn Sie Gold zu Hause bei sich im Keller lagern, gehen Sie ein hohes Risiko z.B. durch Diebstahl ein, so dass Sie lieber das Gold in einem Schließfach bei einer Bank einlagern sollten.
Hierfür entstehen teilweise nicht unerhebliche jährliche Kosten.
Auch schwankt der Goldkurs manchmal stark und der Goldpreis ist auch leider in diesem Jahr schon stark gestiegen und hatte zwischenzeitlich neue Kurse erreicht von über 2.000 US-Dollar/Unze.

Diagramm Entwicklung des Goldkurses in US-Dollar

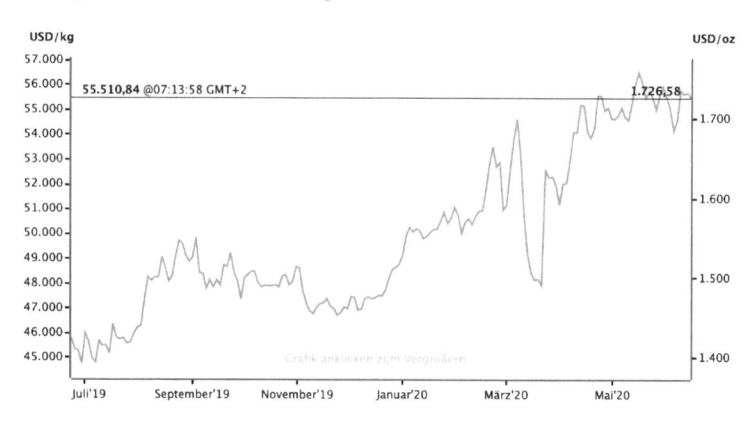

Quelle: Gold & Co., URL: https://www.goldundco.at/aktuelles/news/goldpreisentwicklung-gold-aktuell.html, Abruf am 03.12.2020;

Allerdings ist mittel- bis langfristig wahrscheinlich mit weiter steigenden Kursen zu rechnen, denn:
Gerade in Krisenzeiten hat sich Gold seine Reputation als Krisenwährung und „sicherer Hafen" erworben, denn zum einen stellt Gold einen

guten Inflationsschutz dar, zum anderen gilt es gerade in Krisenzeiten als wertbeständig.

Die Nachfrage nach Gold nimmt gegenwärtig auch wieder deutlich zu.

So hatten z. B. die Zentralbanken in der zweiten Jahreshälfte 2018 damit begonnen, in großem Maße Gold zu kaufen. Insgesamt hatten die Notenbanken im Jahr 2018 652 Tonnen Gold vom Markt genommen, ein Plus von 74 %.[113]
Auch diverse institutionelle Anleger kaufen inzwischen verstärkt Gold, so z. B. auch die Investmentgesellschaft des legendären Investors Warren Buffet (der sich früher gerne negativ über Gold geäußert hatte), Berkshire Hathaway, die inzwischen ebenfalls in Gold eingestiegen war, nämlich Aktien von Barrick Gold, dem größten Goldförderunternehmen der Welt, gekauft hatte, während Bankaktien verkauft wurden.[114]

All das bedeutet also, dass der Goldpreis wahrscheinlich längerfristig weiter steigen dürfte, vor allem, sofern in der nächsten Zeit wirtschaftlich schwierigere Zeiten oder gar eine neue größere Wirtschafts- und Finanzkrise hinzukommen sollten, wodurch Gold verstärkt als Krisenwährung wiederentdeckt werden dürfte.
Von daher rate ich Ihnen, dass Sie in Gold als Krisenschutz und „Rettungsanker" investieren, allerdings nicht mehr als 10-15 % Ihres Vermögens, weil die oben beschriebenen Nachteile von Gold auch nicht zu vernachlässigen sind.
Dabei rate ich Ihnen eher nicht zu Gold-Sparplänen, da hier, wie das obige Beispiel BWF-Stiftung zeigt, neben seriösen Unternehmen noch einige „schwarze Schafe" und sogar betrügerische Unternehmen tätig sein könnten.

Was ist von Goldminenaktien zu halten?

Bei Goldminenaktien sollten Sie berücksichtigen, dass die Kurse deutlich „volatiler" sind als physisches Gold, also stärker im Kurs schwanken, und zwar sowohl nach oben als auch nach unten, und somit deutlich riskanter sind als physisches Gold. Dies liegt daran, dass Goldminenunternehmen stark steigende Gewinne erzielen können, sobald der Goldpreis über diese Förderkosten steigt, genauso wie Goldminenfirmen schnell Verluste erzielen, wenn der Goldpreis fällt und in die Nähe der Förderkosten sinkt oder sogar darunter. Goldminenaktien haben also einen Hebel auf den Goldpreis, der sowohl nach oben als auch nach unten wirkt.

Eine gute Idee also? Ich selber hatte in den 90er Jahren mehrmals hohe Gewinne erzielt mit Goldminenaktien oder sogar Optionsscheinen auf Goldminenaktien, als ich bei niedrigem Goldpreis einstieg und verkaufte, als der Goldpreis anschließend gestiegen war und die Minenaktien oder gar Optionsscheine überproportional im Kurs anstiegen.

Selbstverständlich rate ich Ihnen aber von Optionsscheinen auf Goldminenaktien vollständig ab, da die Risiken erheblich sind. Und tendenziell rate ich Ihnen auch von Goldminenaktien ab, denn zum einen sind die hohen Schwankungen der Kurse von Goldminenaktien oftmals nichts für „schwache Nerven". Außerdem sollte es bei Ihrem Goldinvestment weniger um hohe Gewinne gehen, sondern vielmehr um langfristige Sicherheit und Absicherung für Fälle wie eine neue Finanzkrise.

Gerade bei Goldminenaktien ist es oftmals für den normalen Anleger auch sehr schwer, die „Spreu vom Weizen" zu trennen. Schlimmer noch: In diesem Markt tummeln sich auch diverse Betrüger, die mit kleinen Goldminenfirmen, die noch keine nennenswerten Umsätze oder Gewinne erzielen, sogenannten „Penny stocks", unbedarfte

Anleger(-innen) mit leeren Versprechungen abkassieren. Hier werden des Öfteren wertlose Börsenmäntel aufgekauft, dann angebliche sagenhafte Goldvorkommen versprochen, die angeblich kurz vor der Entdeckung oder Ausbeutung stehen, die Aktien dann mit sog. „Pump and duck"-Systemen „hochgejazzt", so dass die Altanleger ihre wertlosen Aktien für teures Geld bei unbedarften Anlegern „abladen" können und diese dann auf ihren Verlusten sitzen. Passiert z. B. im Fall der Goldminenaktie De Beira Goldfields Inc. (in dem Fall vertrat unsere Kanzlei auch diverse Geschädigte), bei der drei inzwischen verurteilte Personen im Mai und Juni 2006 den Aktienkurs durch massive Börsenbrief-Empfehlungen in kurzer Zeit erheblich nach oben manipuliert hatten, wobei sie die Aktie zum Kauf empfohlen und der Kurs von De Beira massiv anstieg und nach Feststellungen Bruttoerlöse von insgesamt 38 Mio. Euro erzielt worden sein sollen.[115] Wenn Sie also schon unbedingt Goldminenaktien kaufen wollen, dann bitte unbedingt nur von großen Goldminenfirmen, die schon langjährig zu den Marktführern zählen.

Ich rate Ihnen auch eher zu Gold als Silber, da der Silberkurs zum einen sehr viel volatiler ist als der Goldkurs, also sowohl nach oben als auch nach unten stärker schwankt. Silber ist auch sehr stark als Industriemetall nachgefragt, weshalb nicht ausgeschlossen ist, dass Silber bei einer eventuellen neuen weltweiten Finanzkrise trotzdem stärker an Wert verlieren könnte, falls die Nachfrage aus der Industrie nachlassen sollte. Außerdem fallen beim Kauf von Silber gegenwärtig in der Regel 19 % Mehrwertsteuer an, was beim Kauf von Gold nicht der Fall ist.

Der Silberkurs wurde in der Vergangenheit auch schon manipuliert von Großinvestoren (allerdings wird dies auch teilweise dem Goldkurs nachgesagt).

Berüchtigt war die Silberspekulation der damaligen US-Milliardäre und Brüder Nelson Bunker Hunt und William Herbert Hunt, die ab Mitte der 70er Jahre bis zum Jahr 1980 versuchten, den Silbermarkt zu beherrschen, indem sie in großem Stil Silber und Silberkontrakte an den Warenterminbörsen kauften, wodurch der Silberpreis von unter 2 Dollar im Jahr 1973 bis auf fast 50 Dollar pro Unze im Januar 1980 stieg, dann aber nicht nur immer mehr Leute ihre Silberbestände verkauften und somit im wahrsten Sinne des Wortes „versilberten", sondern auch die US-Börsenaufsicht die Regeln änderte und keine weiteren Silberkäufe mehr getätigt werden durften und der Silberpreis anschließend abstürzte.

Die Hunts waren nach dem Zusammenbruch bankrott, was Nelson Bunker Hunt zu der Bemerkung veranlasst haben soll: „Eine Milliarde ist auch nicht mehr das, was sie mal war."[116]

Für die Einlagerung von Silber benötigen Sie auch viel mehr Platz als für die Einlagerung von Gold.

Ich rate Ihnen daher eher zu Gold, und zwar tendenziell zu physischem Gold in Form von Goldbarren, bei denen Sie jederzeit nachweisen können, dass sie Ihnen auch gehören.

Allerdings auch hier Vorsicht: Es gab und gibt inzwischen Fälle, bei denen im Internet Goldbarren zum Kauf angeboten wurden, bei denen es sich in Wirklichkeit um „Gold-Dummies" handelte, die lediglich mit einer dünnen Goldschicht überzogen waren.

Kaufen Sie also Ihr Gold immer nur von einer seriösen Quelle, am besten von einem großen und bekannten Goldhändler.

Eine besondere schöne Investition stellt auch die Anlage in Form von Gold-Münzen dar. Allerdings sollten Sie dabei berücksichtigen, dass Sie nur weit verbreitete Goldmünzen wie den südafrikanischen Krügerrand, den Canadian Maple Leaf, den American Eagle oder die

Wiener Philharmoniker erwerben. Beachten Sie dabei auch die An- und Verkaufskosten von Goldmünzen, die beim Krügerrand als Goldmünze mit dem größten Marktanteil am geringsten sein sollten.

Außerdem sollten sie berücksichtigen, dass die Münzen oftmals noch einen Sammlerwert haben, Sie also für eine Goldmünze mehr bezahlen als für einen Goldbarren mit dem gleichen Gewicht und Goldgehalt.

Kleinteiligere Goldanlagen haben zwar den Vorteil, dass man sie in einer echten schweren Finanzkrise leichter als Zahlungsmittel einsetzen kann. Sie haben jedoch den Nachteil, dass bei ihnen die Gebühren beim Kauf oftmals deutlich höher sind als bei Gold-Kilobarren.

Wenn Sie also kleinere Goldbestände kaufen wollen, fragen Sie unbedingt nach den Gebühren, die beim Kauf anfallen, und nehmen Sie vom Kauf Abstand, wenn die Gebühren zu hoch sind.

So wird Ihr „goldiges" Investment sich auf lange Sicht auszahlen und Ihnen nicht nur Sicherheit und Wertstabilität bieten, sondern auch goldene Gewinne.

Gerade für Sparerinnen/Sparer ist Gold daher auch als alternative Anlage attraktiv, denn wie wir oben gesehen haben, verlieren Sparerinnen und Sparer gegenwärtig durch die niedrigen Zinsen -nach Abzug der Inflationsrate- teilweise sogar Geld. Und es könnten sogar noch größere Verluste drohen, wenn die Inflationsrate, was wahrscheinlich ist, in den nächsten Jahren wieder deutlich ansteigt.

Somit stellt es eine gute Alternative für Sparerinnen/Sparer dar, einen Teil ihrer Anlage anstatt auf dem Sparbuch in Gold anzulegen, weil Gold auch einen guten Inflationsschutz bietet.

Praxistipp:

- Legen Sie 5-15 % Ihres Vermögens in Gold an zur Absicherung.
- Kaufen Sie Goldbarren oder Goldmünzen.
- Achten Sie unbedingt auf die oftmals höheren Gebühren bei kleinteiligeren Goldanlagen.
- Kaufen Sie eher keine Goldminenaktien, und wenn, dann nur von den Marktführern.
- Seien Sie vorsichtig beim Kauf von Gold im Internet, es häufen sich die Betrugsfälle.
- Seien Sie vorsichtig bei der Anlage in Goldsparplänen, es gab Betrugsfälle.
- Klären Sie vor einer Einlagerung, z. B. in einem Bank-Schließfach, die Kosten oder, falls Sie Ihr Gold zu Hause einlagern wollen, ob Ihre Versicherung im Verlustfall den Schaden auch wirklich ersetzt.
- Silber ist volatiler als Gold und könnte bei einer Finanzkrise stärker an Wert verlieren

2.9 Die „10 Gebote" der Kapitalanlage und des Kapitalanlegerschutzes

„Gier ist ein genauso schlechter Ratgeber wie Angst." (Sprichwort)

Liebe Leserin, lieber Leser, Geldanlage bzw. Verluste bei Ihrer Kapitalanlage zu vermeiden, ist ein schwieriges Thema, wie wir oben gesehen haben.

Die Gefahren, durch schlechte Kapitalanlageprodukte, betrügerische

Angebote auf dem „Grauen Kapitalmarkt" oder schlechtere wirtschaftliche Entwicklung oder sogar eine eventuelle neue Finanzkrise Geld zu verlieren, sind heute für Sie als Anlegerin und Anleger besonders groß.

Dabei ist es gar nicht so schwierig, Ihr Geld zu erhalten und auch zu vermehren, wenn Sie einige wichtige Regeln bei der Geldanlage beachten.

Ich möchte diese Regeln daher die „10 Gebote der Kapitalanlage und des Kapitalanlegerschutzes" nennen, die Sie verinnerlichen sollten, damit Ihnen Verluste erspart bleiben.

1. Machen Sie sich über Ihre Anlageziele Gedanken

Zunächst sollten Sie sich Gedanken machen, was Sie mit Ihrer Kapitalanlage erreichen wollen.

Wollen Sie eher eine sichere Anlage zur Altersvorsorge erwerben oder eher eine hohe Rendite erzielen, die erfahrungsgemäß auch höhere Risiken mit sich bringt?

Hier können dann leichter an der Börse auch einmal spekulativere Einzelaktien erworben werden (von denen ich eher abrate).

Das hängt auch von Ihrem Lebensalter ab:

Eine junge Anlegerin/ein junger Anleger kann leichter einen Teil des verfügbaren Geldes risikobereiter anlegen als jemand, der schon in der Nähe des Rentenalters ist und sein Geld für die Altersvorsorge erhalten will.

2. Risiken streuen

Legen Sie niemals „alle Eier in einen Korb". Diese banale Regel ist gerade im Bereich der Kapitalanlage besonders wichtig:
Risiken streuen ist wichtig und hilft Ihnen, Ihr Geld zu erhalten und Verluste ggf. sogar auszugleichen.
Selbst wenn eine Anlage sich kurzfristig nicht gut entwickelt, können Sie Verluste bei anderen Anlagen somit ausgleichen.
Wir hatten diverse Fälle in unserer Kanzlei zu betreuen, in der Anleger(-innen) auf die Idee gekommen waren, das Risiko zu streuen, indem sie Anleihen diverser Emittenten gekauft hatten, z. B. der WBG Leipzig-West AG, aber auch z. B. der DM Beteiligungen AG. Dumm nur, dass dann beide Anleiheemittenten in die Insolvenz gingen.
Streuen Sie daher nicht nur zwischen verschiedenen Anlagen, sondern auch zwischen verschiedenen Anlageklassen.

3. Vorsicht vor „Hochzinsstaplern" und „Festgeldgarantien", seien Sie nicht „gierig" oder leichtsinnig

Gerade die aktuelle Niedrigzinsphase macht es Betrügern leicht, unbedarfte Anleger(-innen) mit riskanten, zweifelhaften oder gar betrügerischen Geldanlagen um ihre Ersparnisse zu bringen, wenn, ja wenn sie nur deutlich mehr Zinsen versprechen als das, was die Anlegerin/der Anleger z.B. auf ihrem/seinem Sparbuch bekommt.
Hier lauert erhebliche Gefahr für Sie als Anlegerin/Anleger, denn denken Sie immer daran, dass ein hoher versprochener Zins nur so viel wert ist wie die Anlage selber. Sprich: Der höchste versprochene Zins und behauptete 100%ige Sicherheit bringen Ihnen gar nichts, wenn Ihr

Geld dann anschließend „weg" ist. Sei es, weil die Anlage sehr riskant war oder weil Sie von vornherein einem Betrug „aufgesessen" sind.

Bedenken Sie dabei immer: Hohe Zinsen bedeuten auch in der Regel höheres Risiko.

Verlassen Sie sich nicht nur auf die Behauptungen von Beratern oder Emittenten zu z. B. angeblich bestehender Einlagensicherung. Wo/bei welcher Bank soll diese bestehen?

Fragen Sie dort nach, ob das wirklich stimmt.

Wenn Ihnen ein Berater oder ein Initiator schöne Versprechungen macht, wie z. B. eine hohe Rendite, sollten Sie sich auch fragen, ob es vielleicht eine Leistungsbilanz gibt, d.h., diese hohen Renditen vielleicht schon einmal mit einem „Vorgängerprodukt" wirklich erzielt wurden.

Doch auch hier Vorsicht: Es gab Fälle, wo z. B. Anbieter einfach Renditezahlen in ihren Hochglanzbroschüren gefälscht hatten.

Meiden sollten Sie auch ganz spekulative Kapitalanlageprodukte wie z. B. CFD`s oder Optionsscheine.

4. Stellen Sie selber Recherchen an

Viele Geldanlage-Pleiten können vermieden werden, wenn Sie selber einmal kritische Recherche betreiben.

Bei diversen Schrottimmobilienfällen hätte es schon gereicht, sich die vermittelte Immobilie einmal selber vor Ort anzusehen, um zu erkennen, dass die Lage längst nicht so gut war, wie im Prospekt o. ä. vollmundig versprochen.

Geben Sie beim Immobilieninvestment auch ein Sachverständigengutachten in Auftrag. Das kostet ggf. wenige hundert Euro.

Wo sitzt der Anbieter? Ist das eine reine Büroservice-Adresse? Das sollte Sie misstrauisch machen.

Lassen Sie sich einen Handelsregisterauszug kommen, um vom Anbieter gemachte Angaben z. B. zur Firmengröße, Mitarbeiterzahl, zu überprüfen, das kostet oftmals ca. 20-30 €.
Meistens bekommen Sie auch schon Informationen aus dem Internet, wenn Sie die Anlage oder den Initiator dort bei Google eingeben oder sich bei unabhängigen Stellen, wie z. B. den Verbraucherzentralen oder Banken, die angegeben werden und über die die Einlagensicherung angeblich bestehen soll, informieren, ob das wirklich der Fall ist.

5. Vorsicht bei Anbietern aus dem Ausland/ohne Impressum auf der Website

Gerade bei Anbietern von Kapitalanlagen aus dem Ausland sollten Sie erhöhte Vorsicht walten lassen. Zum einen stellt sich die Frage: „Warum muss ein Anbieter wirklich vom Ausland aus agieren?"
Beachten Sie bitte auch immer: Bei einem Anbieter aus dem Ausland ist die Gefahr groß, dass Sie Schwierigkeiten haben werden, im Fall der Fälle, nämlich, wenn etwas schief geht, ihre Ansprüche auch wirklich juristisch durchzusetzen. Besonders dann, wenn gar kein Impressum ersichtlich ist, ist die Gefahr groß, dass Sie einem Betrug aufgesessen sind.
Fremde Rechtsordnungen, schwierige Zustellung, hohe Kosten für Anwälte und Gericht, Initiatoren, die sich dort „aus dem Staub gemacht" haben, könnten es sehr schwierig machen, dass Sie dort Ihre Ansprüche durchsetzen können.

6. Haben Sie genügend Geduld mit Ihren Anlagen/ Verfallen Sie nicht in „Verkaufs-Panik"

Viele Anlagen wie Immobilien oder Aktien steigen langfristig. Machen Sie nicht den Fehler, „in Panik" zu verfallen, wenn es z. B. mit den Aktienkursen oder Kursen der Kryptowährungen kurzfristig einmal bergab geht.
Die Gefahr, bei „Notverkäufen" zu niedrigen Kursen zu verkaufen, ist groß. Oftmals geht es später wieder bergauf und Sie hätten doch noch Ihre Verluste ausgleichen und Gewinne erzielen können, wenn Sie länger gewartet hätten. Seien Sie also nicht zu „ängstlich", wenn es kurzfristig mit Ihrer Kapitalanlage, wie z. B. Aktien oder Kryptowährungen, einmal bergab geht.

7. Vorsicht vor Cold-Calling/ungebetenem Kontakt per E-Mail, Termindruck

Wenn Sie per Cold-Calling kontaktiert werden, ist das von vornherein unseriös, genauso wenn Sie ungefragt per E-Mail kontaktiert werden. Finger weg!
Ein schlechtes Zeichen ist es auch oftmals, wenn vom Berater/Vermittler Zeitdruck aufgebaut wird, nach dem Motto: „Die Anlage ist leider nur noch kurze Zeit erhältlich, Sie müssen sich in den nächsten Tagen entscheiden."
Das ist oftmals ein Indiz dafür, dass der Berater nur noch schnell sein „Kontingent" an der Kapitalanlage verkaufen und möglichst schnell seine Provision verdienen will. Vorsicht ist geboten.

8. Kaufen Sie nichts, was Sie nicht verstehen

Dieser einfache Spruch kann Sie vor hohen Verlusten bewahren. Diverse Kapitalanlageprodukte, wie z. B. Zertifikate, sind teilweise so komplex, dass sie nicht einmal der Berater versteht, der Sie Ihnen verkauft. Umso schwieriger ist es für Sie dann, zu durchschauen, in welcher Situation Sie einen Gewinn und in welcher Situation Sie einen Verlust erleiden können. Sie könnten auf einer „tickenden Zeitbombe" sitzen, wie manche Lehman-Zertifikate gezeigt haben. Je komplexer und verschachtelter das Produkt, umso höher ist auch oftmals die Provision für den Berater.

9. Machen Sie einen „großen Bogen" um hohe Kosten und versteckte Provisionen

Auch ein gutes Kapitalanlageprodukt kann zum schlechten Produkt werden, wenn hohe Kosten in ihm enthalten sind und somit bereits ein großer Teil Ihres angelegten Geldes auf „Nimmerwiedersehen" in den Taschen von Vermittlern und Initiatoren „verschwindet".
Achten Sie daher bei Ihrem Kapitalanlageprodukt unbedingt auf die versteckten, „weichen" Kosten und prüfen Sie, wie viel Ihres Geldes Vermittler etc. an Provision erhalten.
Bei einem vernünftigen Produkt sollten diese Innenprovisionen/Vertriebsprovisionen nicht über 15 % liegen. Diese Grenze hatte auch der BGH als Grenze festgelegt, ab deren Überschreitung eine Aufklärung des Anlegers erfolgen muss.
Das ist auch vernünftig.

10. Kein zu hoher Fremdkapitalanteil, kein „Spekulieren" auf Kredit

Achten Sie darauf, dass der Fremdkapitalanteil bei der Investition/Finanzierung nicht zu hoch ist:
Hiermit können Sie zwar fehlendes Eigenkapital, z. B. beim Immobilienerwerb, ausgleichen oder auch die Rendite bei der Kapitalanlage „hebeln", allerdings kann der Hebel leicht in die falsche Richtung „losgehen" und Sie dann auf hohen Verlusten sitzen. Wie nicht nur viele Anleger(-innen) diverser Immobilienfonds in der Vergangenheit feststellen mussten, die mit hohem Fremdkapitaleinsatz arbeiteten, sondern auch beim Immobilienerwerb kann Ihnen bei zu geringem Eigenkapitalanteil schnell „die Puste" ausgehen:
Achten Sie auf mindestens 20 % Eigenkapital beim Immobilienerwerb. Sie sollten auch keine Kapitalanlage, wie z. B. von Ihnen gekaufte Aktien, mit Fremdkapital hebeln, denn hiermit können Sie zwar die Rendite deutlich erhöhen, wenn das Ganze gut geht, landen aber auch schnell beim Totalverlust, wenn das Ganze schief geht.

Das sind meine „10 Gebote der Kapitalanlage und des Kapitalanlegerschutzes", und ich bin überzeugt:
Wenn Sie diese 10 Strategien beherzigen, können Ihnen Verluste weitgehend erspart bleiben und Sie machen langfristig Gewinne.
Ist das einfach? Nein!

Beenden möchte ich dieses Buch daher mit einem Zitat, das – angeblich – von Albert Einstein stammt:

„Was nichts kostet, ist nichts wert."[117]

Übertragen auf Ihre Geldanlage möchte ich das Zitat leicht abwandeln in:

„Was **Sie** nichts kostet, ist nichts wert."

Das bedeutet, dass Sie sich Ihre Geldanlage im wahrsten Sinne des Wortes etwas „kosten lassen" müssen, weil es sonst „nichts wert" ist. Sie müssen selber Erkundigungen einholen über den Initiator der Kapitalanlage und sich genauso stark informieren, wie z. B. beim Gebrauchtwagenkauf, bei dem viele Käufer ebenfalls im Internet recherchieren, das Auto Probe fahren, Vergleichsangebote einholen, wohingegen viele Anlegerinnen/Anleger bei der Geldanlage erstaunlich geringe Bemühungen unternehmen, von Beratern oder Initiatoren gemachte Versprechungen zu hinterfragen und zu überprüfen, und dann leider teilweise schlechte Erfahrungen machen.

Wenn es **Sie** nichts kostet, Sie es sich also „einfach" machen mit Ihrer Geld-/Kapitalanlage, ist das buchstäblich „nichts wert", denn dann kann es sein, dass Ihr Geld anschließend deutlich weniger oder gar nichts mehr „wert" ist, Sie im schlimmsten Fall nämlich mit einem ungeeigneten, schlechten oder von vornerherein auf Betrug ausgelegten Kapitalanlageprodukt hohe Verluste oder sogar einen Totalverlust zu verschmerzen haben.

Das sollten Sie unbedingt vermeiden. Werden **Sie** daher selber aktiv: Es lohnt sich!

Schlusswort

Liebe Anlegerin, lieber Anleger, liebe Leserin, lieber Leser,

richtige Geldanlage bzw. Ihr Geld zu erhalten wird in diesen turbulenten Zeiten immer schwieriger. Die Gefahr für Sie, Geld zu verlieren, ist heute sogar deutlich größer als noch vor einigen Jahren.
Der Anlagedruck in dieser Zeit ist aufgrund der langjährigen Niedrigzinsphase weiterhin sehr hoch für Sie, d. h., die Notwendigkeit für Sie, Kapital-/Geldanlagen zu finden, die noch halbwegs vernünftige Zinsen erwirtschaften, auch aufgrund der zunehmenden Notwendigkeit der privaten Vorsorge für Ihre Altersvorsorge.
Es kommen nicht nur gute, sondern weiterhin auch viele neue schlechte oder gar von vorneherein betrügerische Kapitalanlageprodukte auf den Markt, deren Betrugsmasche immer „ausgeklügelter" und immer schwieriger zu durchschauen ist – initiiert teilweise von skrupellosen Tätern unter Umständen gar aus dem Bereich der Organisierten Kriminalität, die mit modernsten Methoden im Internet über Landesgrenzen hinweg operieren und das Vakuum bei den Aufsichtsbehörden/der Strafverfolgung ausnutzen.
Dies muss sich nicht nur dringend ändern und Anlegerinnen und Anleger in Zukunft besser geschützt werden, sondern vernünftige Geld-/Kapitalanlage ist heute leider nicht nur schwieriger, sondern auch riskanter denn je.
Auch sonst kommen in der nächsten Zeit leider unsichere Zeiten auf uns zu. Die Auswirkungen der Corona-Krise (mit den bereits vor Corona bestehenden Problemen) werden sich in den nächsten Monaten und Jahren vermutlich noch deutlich zeigen und könnten im negativen Fall zu einer deutlich verschlechterten Wirtschaftssituation

führen, die Gefahr einer neuen Finanzkrise, die die Auswirkungen der Lehman-Finanzkrise erreichen oder noch deutlich übertreffen könnte, ist somit leider reell.

Mit diesem Buch habe ich daher versucht, mir einige von mir erkannte erhebliche Missstände im Bereich der Kapitalmärkte und des sog. „Grauen Kapitalmarktes" von der Seele zu schreiben und Ihnen Gefahren bei der Geld-/Kapitalanlage aufzuzeigen.

Ich hoffe, dass mir dies gelungen ist, und somit mein Ziel, dass in Deutschland bald ein sauberer und fairerer Kapitalmarkt realisiert werden kann, verwirklicht werden kann – ein Kapitalmarkt, bei dem Anlegerinnen und Anleger in naher Zukunft deutlich besser vor schlechten und ungeeigneten Kapitalanlageprodukten geschützt werden und vor von vorneherein auf Betrug angelegten Kapitalmarkt-Produkten bewahrt werden können und Versuche von skrupellosen Tätern, Anlegerinnen und Anlegern mit schwerem Betrug das „Geld aus der Tasche zu ziehen", unmöglich oder zumindest deutlich erschwert werden.

Weiter hoffe ich, dass Ihnen mein Buch einige nützliche Hinweise geben konnte, wie Sie Risiken und „Fallen" bei der Geldanlage, die Ihnen im schlimmsten Fall hohe Verluste oder sogar den Totalverlust „bescheren" könnten, vermeiden können und wie Sie statt dessen Ihr Geld auch in diesen schwierigen Zeiten richtig anlegen können und Ihr Vermögen vor Anlagebetrug, faulen Kapitalanlagen oder sogar einer eventuellen neuen Finanzkrise schützen können und Möglichkeiten erkennen, Ihr bereits verloren geglaubtes Geld notfalls mit juristischer Hilfe zurück zu gewinnen.
Ich wünsche Ihnen, dass Ihnen Verluste bei Ihrer Geld-/Kapitalanlage,

gerade auch in den gegenwärtig schwierigen Zeiten, erspart bleiben, sondern Sie allzeit auf der Gewinnerseite in Sachen Kapital-/Geldanlage sind – so soll es sein.

Berlin, im November 2020

Ihr
Walter Späth

Danksagung

Bedanken möchte ich mich bei denen, die mich bei diesem Buchprojekt unterstützt haben, zunächst selbstverständlich bei meinen Kanzleikollegen, den Rechtsanwälten Oliver Behrendt, Dr. Marc Liebscher, Christian-Albrecht Kurdum, Dr. Dietmar Höffner und Carsten Herlitz. Großer Dank auch an die Kollegin Dr. Sabine Haselbauer und vor allem auch an den Kollegen Hans Witt aus Heidelberg, die seit vielen Jahren in eigener Kanzlei unermüdlich im Einsatz für geschädigte Kapitalanleger sind, genauso wie vor allem auch an die Kollegen Thomas Köhler und Jochen Resch von der Berliner Kanzlei Resch Rechtsanwälte, die nun bereits seit dem Jahr 1986 und somit seit ca. 35 Jahren existiert und damit sogar eine der ältesten Anlegerschutzkanzleien Deutschlands ist. Danke, dass Sie sich die Zeit genommen haben, mir einige wichtige Tipps zu dem Buch zu geben.

Bedanken möchte ich mich auch bei dem Brandenburger Landtagsabgeordneten Björn Lakenmacher – nicht nur für die großzügige Zuwendung von 100 Millionen Mark (der Geldschein auf S. 183 des Buchs) – sondern auch für die langjährige Freundschaft.

Besonderer Dank gilt auch meiner Literaturagentin Frau Svantje Steinbrink, die mich mit großem Engagement durch den „Dschungel" des deutschen Verlagsmarktes begleitet und mit viel Geduld ermöglicht hat, dass dieses Buch letztendlich Wirklichkeit werden konnte.

Bedanken möchte ich mich auch bei der Deutschen Bahn, denn dieses Buch ist zum guten Teil im Zug entstanden auf dem Weg zu und von Gerichtsterminen in ganz Deutschland.

Bedanken möchte ich mich selbstverständlich auch bei Ihnen, liebe Leserinnen und Leser, dass Sie sich die Zeit genommen haben, dieses Buch zu lesen. Ich hoffe, dass ich Ihnen einige gute Tipps für Ihre

Geldanlage geben und Ihnen helfen konnte, Verluste zu vermeiden oder/und bereits erlittene Verluste zu kompensieren.

Zugangscode - Kostenfreies e-Book

Gehen Sie auf **https://link.cherrymedia.de/EPUB** und geben Sie Ihren Zugangscode ein um Ihr kostenfreies e-Book herunterzuladen.

FHFS-PFWW-SFFW

Quellenverzeichnis

- 1 Gowers, Andrew, 21.12.2008: Wie der Lehman-Boss die Welt in Panik versetzte, https://www.spiegel.de/wirtschaft/richard-fuld-wie-der-lehman-boss-die-welt-in-panik-versetzte-a-597839.html, Abruf am 20.11.2020
- 2 Süddeutsche Zeitung vom 27. Juli 2010, Der Gorilla kassiert ab: https://www.sueddeutsche.de/wirtschaft/bestbezahlteste-manager-des-jahrzehnts-der-gorilla-kassiert-ab-1.980200, Abruf am 20.11.2020
- 3 Hauck, Miriam, 14.09.2013: Vom Gorilla zum Psychopathen, https://www.sueddeutsche.de/wirtschaft/lehman-pleitier-richard-fuld-vom-gorilla-zum-psychopathen-1.1770211, Abruf am 20.11.2020
- 4 Kremer, Dennis, 05.06.2017: Häuser ohne Wert, https://www.faz.net/aktuell/finanzen/finanzkrise-haeuser-ohne-wert-groesste-immobilienkrise-15046364-p2.html, Abruf am 20.11.2020
- 5 Focus Online vom 09.09.2015, So wurde Euro-Eintritt erst möglich: Banker soll Schulden Griechenlands verschleiert haben: https://www.focus.de/finanzen/banken/beim-eintritt-in-den-euro-goldman-sachs-kaschierte-griechische-schulden-nun-koennte-eine-klage-drohen_id_4810392.html, Abruf am 20.11.2020
- 6 Gowers, Andrew, 21.12.2008: Wie der Lehman-Boss die Welt in Panik versetzte, https://www.spiegel.de/wirtschaft/richard-fuld-wie-der-lehman-boss-die-welt-in-panik-versetzte-a-597839.html, Abruf am 20.11.2020
- 7 Treser, Tanja, 26.02.2017: Milliarden-Scheidung beim Hai der Wall Street, https://www.bild.de/geld/wirtschaft/scheidung/von-wall-street-pokerface-50597614.bild.html, Abruf am 20.11.2020
- 8 Späth, Walter in: Verbraucher und Recht, Ausgabe 12/2010: Lehman-Zertifikate im Fokus der Rechtsprechung der letzten 2 Jahre
- 9 Schätzungen der Deutschen Schutzvereinigung für Wertpapierbesitz, DSW, 04.08.2009: www.topnews.de/lehman-brothers-überwiegend-aeltere-anleger-von-der-pleite-betroffen.de, Abruf am 20.11.2020
- 10 Börse online vom 25.05.2019, https://www.boerse-online.de/nachrichten/zertifikate/lehman-pleite-insolvenzverfahren-fuer-deutsche-privatanleger-abgeschlossen-1028217911#:~:text=Mai%202019).,Papiere%20zum%20Zeitpunkt%20der%20Insolvenz., Abruf am 20.11.2020
- 11 Gemutmaßt wird hier im Internet z. B. beim Fall Investfinans AB von Schäden von über 1 Mrd. Euro, siehe z. B. https://www.resch-rechtsanwaelte.de/anlegerschutz-aktuell/investfinans-ab-bank-im-fokus.html, (Abruf am 19.11.2020), wobei der Autor aber nicht weiß, ob diese Zahlen stimmen
- 12 Öchsner, Thomas, 30.000 Anlegern droht Totalverlust, 01.12.2008: https://www.sueddeutsche.de/wirtschaft/finanzgewerbe-30-000-anlegern-droht-der-totalverlust-1.819980, Abruf am 20.11.2020
- 13 Nürnberger Nachrichten, Veröffentlichungs-Datum nicht bekannt, abrufbar z. B. unter https://www.resch-rechtsanwaelte.de/resch-in-den-medien/leipziger-wbg-pleite-von-nuernberg-aus-gesteuert.html, Abruf am 20.11.2020
- 14 Weiss, Dominik, 05.06.2018: Mittelstandsanleihen: Wer die Gewinner und Verlierer sind: https://www.fundresearch.de/unternehmensanleihen/Mittelstandsanleihen-bleiben-eine-Baustelle.php, Abruf am 20.11.2020

- 15 Habdank, Philipp, 19.04.2018: Die desaströse Bilanz von BondM, https://www.finance-magazin.de/finanzierungen/kredite-anleihen/die-desastroese-bilanz-von-bondm-2012621/, Abruf am 20.11.2020
- 16 Wieland, Joachim, Staatenimmunität schützt Griechenland, 09.03.2016: https://www.lto.de/recht/hintergruende/h/bgh-urteil-vizr51614-griechenland-umschuldung-staatsanleihen-staatenimmunitaet/#:~:text=Nach%20dem%20Urteil%20des%20BGH,kaum%20zu%20ihrem%20Geld%20verhelfen., Abruf am 20.11.2020
- 17 Stocker, Frank, 08.01.2013: Euro-Staaten beschließen Enteignungsklausel, https://www.welt.de/finanzen/article112468144/Euro-Staaten-beschliessen-Enteignungsklausel.html, Abruf am 20.11.2020
- 18 Hering, Bodo, 09.03.2016: Anklage gegen 6 mutmaßliche Falschgold-Händler der BWF-Stiftung, https://www.berlinjournal.biz/anklage-gegen-6-mutmassliche-falschgold-haendler-der-bwf-stiftung/, Abruf am 20.11.2020
- 19 Blume, Jakob, Nagel, Lars-Marten, 04.09.2019: Razzia bei Goldhändler PIM, https://www.handelsblatt.com/finanzen/maerkte/devisen-rohstoffe/betrugsverdacht-razzia-bei-goldhaendler-pim/24980616.html?ticket=ST-8492244-NBmTOyQWkRnD5YnfSoQG-ap2, Abruf am 20.11.2020
- 20 Wirtschaftswoche vom 30.09.2012, abrufbar unter: www.wiwo.de/finanzen/geldanlage/ulrich-richie-engler-die-gier-hat-mein-gehirn-gefressen/7201944-2.html, Abruf am 20.11.2020
- 21 Schütte, Christian, Charles Ponzi- der Erfinder des Schneeballsystems, 28.04.2020: https://www.capital.de/featured/capital-history-charles-ponzi-schneeballsystem, Abruf am 20.11.2020
- 22 Zyndra, Markus, 17.05.2010: Reingefallen im Paradies, https://www.sueddeutsche.de/geld/skandal-anleger-helmut-kiener-reingefallen-im-paradies-1.144168, Abruf am 20.11.2020
- 23 Zitat Markus Braun, abrufbar z. B. in: Die cleveren Jungs von Wirecard, 14.07.2017, https://www.faz.net/aktuell/finanzen/aktien/die-cleveren-jungs-von-wirecard-15086975-p3.html, Abruf am 20.11.2020
- 24 Fröndhoff, B., Hildebrand, J, Holtermann, F., War Wirecards Betrug zu verhindern? Handelsblatt vom 01.07.2020, S. 28
- 25 Schmitt, Julia, Wirecard: 1,9 Milliarden existieren wohl nicht, 22.06.2020, https://www.finance-magazin.de/finanzierungen/kapitalmarkt/wirecard-19-milliarden-euro-existieren-wohl-nicht-2059881/, Abruf am 20.11.2020
- 26 Holtermann, Felix, Schnell, Christian, Der Fall Wirecard, Handelsblatt vom 26.-28.06.2020, S. 58
- 27 Bender, René, Wirecard schrieb seit 2015 rote Zahlen, vom 22.07.2020: www.handelsblatt.com/finanzen/banken-versicherungen/bilanzskandal-wirecard-schrieb-seit-215-rote-zahlen-drei-neue-haftbefehle, Abruf am 20.11.2020
- 28 Borowski, Max, Wirecards sagenhafter Aufstieg: Vom Porno-Bezahldienst zum Dax-Konzern - n-tv. vom 05.09.2018, https://www.n-tv.de/wirtschaft/Vom-Porno-Bezahldienst-zum-Dax-Konzern-article20605915.html...), Abruf am 20.11.2020
- 29 Merkur vom 09.12.2020, Jan Marsalek, der Vorstand im Fokus der Wirecard-Ermittlungen, https://www.merkur.de/wirtschaft/wirecard-vorstand-coo-haftbefehl-flucht-vermoegen-frau-freundin-manila-90025925.html, Abruf am 20.11.2020
- 30 Hoffmann, Andreas, Hoidn-Borchers, Andreas, Vornbäumen, Axel: Bilanz des Schreckens, stern vom 02.07.2020, S. 56
- 31 Holtermann, Felix, Schnell, Christian: Der Fall Wirecard, Handelsblatt vom 26.-28.06.2020, S. 54-55

- 32 Wirecard verklagt „Financial Times" wegen Kursverlusten, Handelsblatt vom 28.03.2019, (handelsblatt.com)
- 33 Holtermann, Felix, Schnell, Christian: Der Fall Wirecard, Handelsblatt vom 26.-28.06.2020, S.58
- 34 Danzer, Andreas, Hunderte Wirecard-Millionen verschwanden in Asien und auf Mauritius, 02.07.2020, www.derstandard.de/story/2000118467369/hunderte-wirecard-millionen-verschwanden-in-asien-und-auf-mauritius, Abruf am 20.11.2020
- 35 Bergermann, Melanie u.a., „Fake News", Wirtschaftswoche vom 26.06.2020, S. 17
- 36 Die Bande von Aschheim, Der Spiegel vom 04.07.2020, S. 67
- 37 Versicherungsbote vom 06.07.2020, Wirecard-Skandal: Olaf Scholz will BaFin reformieren: https://www.versicherungsbote.de/id/4895154/Wirecard-Skandal-Olaf-Scholz-will-BaFin-reformieren/, Abruf am 20.11.2020
- 38 Geheimdienst versteckt Ex-Wirecard-Vorstand Marsalek offenbar in Villa bei Moskau, Focus.de vom 02.09.2020: https://www.focus.de/finanzen/boerse/aktien/gefluechteter-manager-ist-in-russland-ex-wirecard-vorstand-jan-marsalek-soll-in-der-naehe-von-moskau-leben_id_12376697.html, Abruf am 20.11.2020
- 39 Giesen, Christoph, Ott, Klaus, Schmitt, Jörg: Rätselraten um den toten Geschäftspartner, 06.08.2020: https://www.sueddeutsche.de/wirtschaft/wirecard-manager-tod-1.4991278, Abruf am 20.11.2020
- 40 Giesen, Ott u.a.: Wirecard: Rätselraten um toten Geschäftspartner, Süddeutsche Zeitung vom 06.08.2020, www.sueddeutsche.de/wirtschaft/wirecard-manager-tod-1.4991278, Abruf am 20.11.2020
- 41 Ex-Wirecard-Manager angeblich in Manila gestorben: Berliner Zeitung vom 05.08.2020, www.berliner-zeitung.de/wirtschaft-verantwortung/ex-wirecard-manager-in-manila-gestorben-li. 97167, Abruf am 20.11.2020
- 42 Ex-Wirecard-Manager angeblich in Manila gestorben: Berliner Zeitung vom 05.08.2020, www.berliner-zeitung.de/wirtschaft-verantwortung/ex-wirecard-manager-in-manila-gestorben-li. 97167, Abruf am 20.11.2020
- 43 Wirecard-Skandal: EU-Aufsicht wirft BaFin Versäumnisse vor, Der Spiegel vom 03.11.2020, https://www.spiegel.de/wirtschaft/unternehmen/wirecard-skandal-eu-aufsicht-wirft-bafin-versaeumnisse-vor-a-0b915f38-bf64-4c81-8c49-34c35d2..., Abruf am 20.11.2020
- 44 Der Staat soll zahlen: Der Spiegel vom 30.01.2020, S. 84
- 45 Wirtschaftsprüfer über Wirecard: „Umfassender Betrug": Frankfurter Allgemeine vom 25.06.2020, https://www.faz.net/aktuell/wirtschaft/digitec/wirtschaftspruefer-ey-ueber-wirecard-umfassender-betrug-16832480.html, Abruf am 20.11.2020
- 46 Scholz, Olaf, Scholz will Finanzaufsicht nach Wirecard-Pleite reformieren, Online-Ausgabe von Der Spiegel vom 05.07.2020: https://www.spiegel.de/wirtschaft/unternehmen/wirecard-olaf-scholz-will-finanzaufsicht-bafin-reformieren-a-07047f31-f041-429e-8884-174e2018faba, Abruf am 20.11.2020
- 47 Giese, Tanja, 11.07.2018: ICO-Studie: Mehr als die Hälfte der Startups sterben nach 4 Monaten, https://www.btc-echo.de/ico-studie-mehr-als-die-haelfte-der-startups-sterben-nach-4-monaten/, mit Verweis auf die Studie des Boston College Carroll School of Management, Abruf am 20.11.2020
- 48 Tanriverdi, Hakan, 21.06.2016: 53-Millionen-Raub spaltet Verfechter von Kryptowährungen, https://www.sueddeutsche.de/digital/the-dao-53-millionen-dollar-raub-spaltet-verfechter-von-kryptowaehrung-1.3044097
- https://www.handelszeitung.ch/blogs/bits-coins/ethereum-hackerangriff-auf-den-150-millionen-fonds-1118070., Abruf am 20.11.2020
- 49 Neuhaus, Elisabeth, Staatsanwaltschaft nimmt sich Ex-CEO und Berater von Krypto-

- Startup Envion vor, 24.10.2019: https://www.gruenderszene.de/fintech/envion-durchsuchungen, Abruf am 20.11.2020
- 50 Hollerman, Felix, Iwersen, Sönke, 10.07.2020: Erstes Urteil im Envion-Skandal: Hintermänner müssen Anleger entschädigen, https://www.handelsblatt.com/finanzen/maerkte/devisen-rohstoffe/virtueller-boersengang-erstes-urteil-im-envion-skandal-hintermaenner-muessen-anleger-entschaedigen/25984412.html, Abruf am 20.11.2020
- 51 Abrufbar z.B. unter www.zitate-online.de/literaturzitate/allgemein/769/geld-ist-de-beste-koeder-um-nach-menschen-zu-fischen.html
- 52 Gemeinsame Pressemitteilung der Generalstaatsanwaltschaft Bamberg und der Polizeipräsidien Oberfranken, Unterfranken und München, 07.04.2020, https://www.wiesentbote.de/2020/04/07/zentralstelle-cybercrime-in-bamberg-internationale-aktion-gegen-organisierten-anlagebetrug-im-internet/, Abruf am 20.11.2020
- 53 Gemeinsame Pressemitteilung der Generalstaatsanwaltschaft Bamberg und der Polizeipräsidien Oberfranken, Unterfranken und München, 07.04.2020, a.a.O.
- 54 Willenberg, Ulrich und DPA, 23.01.2013: Wie Berater Engler Anleger und Kundenvermittler gleichermaßen täuschte, https://www.tagblatt.de/Nachrichten/Wie-Berater-Engler-Anleger-und-Kundenvermittler-gleichermassen-taeuschte-133370.html18.01.2013:, Abruf am 20.11.2020
- 55 MetallRente Studie „Jugend, Vorsorge, Finanzen 2019", https://www.jugend-und-finanzen.de/alle/aktuelles/studie-jugend-vorsorge-finanzen-2019-immer-weniger-jugendliche-sorgen-fuer-das-alter-vor, Abruf am 20.11.2020
- 56 Schulministerium Nordrhein-Westfalen, https://www.schulministerium.nrw.de/themen/schulpolitik/schulfach-wirtschaft, Abruf am 06.11.2020
- 57 Siehe z. B. „Deutsche Wirtschaftsnachrichten" vom 13.11.2017, https://deutsche-wirtschafts-nachrichten.de/244081?cookietime=1604751974, Abruf am 20.11.2020
- 58 ZEIT ONLINE, 25.03.2014, https://www.zeit.de/wirtschaft/2014-03/erwerbsalter-rentner-verhaeltnis, Abruf am 20.11.2020
- 59 Berliner Lokalnachrichten, 04.12.2018, 31 Prozent der Beschäftigen in Berlin drohen Mini-Renten, https://www.berliner-lokalnachrichten.de/aktuelles/politik/31-prozent-der-beschaeftigten-in-berlin-drohen-mini-renten/22881/, mit Verweis auf die Studien der NGG und des Pestel-Instituts, Abruf am 20.11.2020
- 60 Riester, Walter, 25.04.2016, in: Private Altersvorsorge muss Pflicht werden, https://www.tagesspiegel.de/politik/walter-riester-im-interview-private-altersvorsorge-muss-pflicht-werden/13496218.html, Abruf am 20.11.2020
- 61 Online-Ausgabe der Tagesschau vom 15.09.2010, „Kein Finanzmarkt darf Wildwest bleiben", www.tagesschau.de/wirtschaft-/eufinanzprodukte100.html, Abruf am 20.11.2020
- 62 Siehe z. B. https://www.versicherungsbote.de/id/4829826/Verbraucherschutz-BaFin-Rechte/, vom 10.10.2015, Abruf am 20.11.2020
- 63 Mitteilung der Bafin: MDM-Group AG: BaFin ordnet Einstellung und Abwicklung des Einlagengeschäfts an, 20.11.2017: https://www.bafin.de/SharedDocs/Veroeffentlichungen/DE/Verbrauchermitteilung/unerlaubte/2017/meldung_171120_mdm_group.html, Abruf am 20.11.2020
- 64 Mitteilung der BaFin: Investfinans AB: BaFin ordnet Einstellung und Abwicklung des Einlagengeschäfts an, 05.04.2019: https://www.bafin.de/SharedDocs/Veroeffentlichungen/DE/Verbrauchermitteilung/unerlaubte/2019/meldung_190405_investfinans_ab.html, Abruf am 20.11.2020
- 65 Hufeld, Felix, 08.01.2019, https://www.cash-online.de/berater/2019/bafin-chef-anleger-muessen-selbst-verantwortung-uebernehmen/450202, Abruf am 20.11.2020

- 66 Wishart, Ian, 26.07.2012, (mit Verweis auf Zitat von Draghi), https://www.politico.eu/article/ecb-will-do-whatever-it-takes-to-save-the-euro/, Abruf am 20.11.2020;
- 67 Siehe z. B. https://www.handelsblatt.com/finanzen/geldpolitik/zinsentscheid-mario-draghi-schlaegt-noch-einmal-zu-ezb-zementiert-minuszins/25007736.html?ticket=ST-8545153-LdXGTVeGcZ5MdDrG2QyV-ap2 vom 12.09.2019, Abruf am 20.11.2020
- 68 Schätzungen des Statistischen Bundesamtes, 30.07.2020, siehe https://www.tagesspiegel.de/wirtschaft/bip-schrumpft-um-10-prozent-deutsche-wirtschaft-bricht-im-zweiten-quartal-in-rekordtempo-ein/26050390.html#:~:text=Die%20Wirtschaftsleistung%20in%20Deutschland%20ist,in%20einer%20ersten%20Sch%C3%A4tzung%20mitteilte., Abruf am 20.11.2020
- 69 Schulz, Corinna, 14.11.2018, https://www.ksta.de/wirtschaft/zahl-steigt-immer-weiter-jeder-zehnte-in-deutschland-ist-verschuldet-31587502#:~:text=Die%20Zahl%20der%20%C3%BCberschuldeten%20Verbraucher,als%206%2C9%20Millionen%20gestiegen.&text=Das%20Gesamtvolumen%20der%20Schulden%20bezifferte%20Creditreform%20auf%20rund%20208%20Milliarden%20Euro., Abruf am 20.11.2020
- 70 Dierig, Carsten, Haas Christine, Zwick, Daniel, 16.08.2020, https://www.welt.de/wirtschaft/article213619642/Firmeninsolvenzen-Zahl-der-Zombieunternehmen-steigt-kraeftig.html#:~:text=Bereits%20Ende%202019%20sch%C3%A4tzte%20Creditreform,weit%20gef%C3%A4hrlicher%20f%C3%BCr%20die%20Wirtschaft., Abruf am 20.11.2020
- 71 vbw relaunch, Pressemitteilung, https://www.vbw-bayern.de/vbw/Pressemitteilungen/Staatsverschuldung-in-Deutschland-steigt-auf-%C3%BCber-81-Prozent-in-Relation-zum-BIP-5.jsp, Abruf am 20.11.2020
- 72 Stocker, Frank, 02.01.2019: Deutsche besitzen 6,2 Billionen Euro- und haben ein Problem, https://www.welt.de/finanzen/article186446060/Geldvermoegen-Deutsche-besitzen-6-2-Billionen-Euro.html#:~:text=Denn%20%C3%BCber%2040%20Prozent%20des,betrug%20hier%20zuletzt%20praktisch%20null.&text=Das%20dort%20eingezahlte%20Geld%20summiert,rund%201%2C9%20Billionen%20Euro., Abruf am 20.11.2020
- 73 In Ausnahmefällen kann die Deckungssumme auch den Gegenwert von bis zu 500.000,- € betragen.
- 74 Online-Ausgabe von „Der Spiegel", Die Spareinlagen sind sicher, 05.10.2008: https://www.spiegel.de/wirtschaft/merkel-und-steinbrueck-im-wortlaut-die-spareinlagen-sind-sicher-a-582305.html, Abruf am 20.11.2020
- 75 Haase, Jonas, Sichere Sache? Wie Ihr Erspartes geschützt ist? 11.03.2019, (mit Verweis auf Zahlen der Europäischen Bankenaufsicht EBA, Stand Ende 2017): https://growney.de/blog/sichere-sache-wie-ihr-erspartes-gesch%C3%BCtzt-ist#_ftn4, Abruf am 20.11.2020
- 76 Maisch, Michael, Wie die Corona-Krise Banken in Bedrängnis bringt, 28.05.2020, https://www.handelsblatt.com/finanzen/banken-versicherungen/gewinne-brechen-ein-wie-die-coronakrise-banken-in-bedraengnis-bringt/25867898.html?ticket=ST-843265-jWqjTvIVgV7Wqq6WbLYK-ap6, Abruf am 20.11.2020
- 77 Kaupthing: Rückkehr eines Banken-Zombies, 01.12.2016: https://www.fondsprofessionell.de/news/vertrieb/headline/kauphting-rueckkehr-eines-banken-zombies-129269/, Abruf am 20.11.2020
- 78 Pressemitteilung der Verbraucherzentrale Baden-Württemberg, 27.03.2019: https://www.verbraucherzentrale-bawue.de/pressemeldungen/presse-bw/entscheidung-des-olg-stuttgart-negativzins-unzulaessig-35086#:~:text=Die%20Klage%20der%20Verbraucherzentrale%20Baden,ist%20in%20zweiter%20Instanz%20erfolgreich., Abruf am 20.11.2020
- 79 abrufbar z.B. unter www.aphorismen.de/zitat/11210

- 80 Herz, Carsten, Der Gesamtbestand der Lebensversicherungen in Deutschland ist um eine Million geschrumpft, 04.07.2018: https://www.handelsblatt.com/finanzen/banken-versicherungen/gdv-statistik-der-gesamtbestand-der-lebensversicherungen-in-deutschland-ist-um-eine-million-geschrumpft/22766778.html, Abruf am 20.11.2020
- 81 Lebensversicherung in Zahlen, Lebensversicherer legen mehr als eine Billion Euro für Kunden an, 06.07.2017: https://www.gdv.de/de/themen/news/lebensversicherer-legen-mehr-als-eine-billion-euro-fuer-kunden-an-11542, Abruf am 20.11.2020
- 82 Versicherungsbote, 17.01.2020: BaFin-Chef warnt: „Um manche Lebensversicherer und Pensionskassen steht es nicht gut": https://www.versicherungsbote.de/id/4888705/BaFin-Chef-warnt-Stabilitaet-Lebensversicherer-Pensionskassen/, Abruf am 20.11.2020
- 83 Online-Ausgabe von Focus money, 29.12.2015, https://www.focus.de/finanzen/altersvorsorge/tid-14742/finanzwissen-irrtum-9-eine-lebensversicherung-bringt-mindestens-den-garantiezins_aid_413748.html, Abruf am 20.11.2020
- 84 Eigendarstellung der Protektor Lebensversicherungs-AG, https://www.protektor-ag.de/de/wir-ueber-uns, Abruf am 03.12.2020
- 85 Siehe Geschäftsbericht 2019 der Protektor Lebensversicherungs-AG, abrufbar unter www.protektor-ag.de, dort S. 38 und 46, Abruf am 03.12.2020
- 86 Oberhuber, Nadine, 05.10.2015, Geschlossene Fonds-Spitze bei Verlusten: https://www.capital.de/geld-versicherungen/geschlossene-fonds-spitze-bei-verlusten, Abruf am 20.11.2020
- 87 Oberhuber, Nadine, Geschlossene Fonds-Spitze bei Verlusten, 05.10.2015: https://www.capital.de/geld-versicherungen/geschlossene-fonds-spitze-bei-verlusten#:~:text=Denn%20geschlossene%20Fonds%20sind%20unternehmerische,Anteile%20in%20aller%20Regel%20nicht.&text=Die%20Stiftung%20Warentest%20sagt%3A%20Knapp,Fonds%20brachten%20den%20Anlegern%20Verluste., Abruf am 20.11.2020
- 88 Statistika Research Department, 20.01.2020, https://de.statista.com/statistik/daten/studie/6654/umfrage/immobilienpreise-fuer-eigentumswohnungen-in-deutschen-staedten-2008/, Abruf am 20.11.2020
- 89 Mieterland Deutschland: Warum leben so viele Deutsche zur Miete, 12.11.2019; https://www.anlegen-in-immobilien.de/mieterland-deutschland-warum-leben-so-viele-deutsche-zur-miete/, Abruf am 20.11.2020
- 90 Schmid, Dorothee Eva, Mieten im 10-Jahres-Vergleich: Anstieg um bis zu 104 Prozent, 21.01.2020: https://wohnglueck.de/artikel/mieten-deutschland-10-jahresvergleich-26942#:~:text=Die%20Mieten%20in%20deutschen%20Gro%C3%9Fst%C3%A4dten,2019%20am%20st%C3%A4rksten%20gestiegen%20sind, mit Verweis auf die Analyse von www.immowelt.de, Abruf am 20.11.2020
- 91 FAZ, Bundesbank sieht in Deutschland weiter überhöhte Immobilienpreise, 17.02.2020: https://www.faz.net/aktuell/wirtschaft/bundesbank-sieht-in-deutschland-ueberhoehte-immobilienpreise-16638392.html, mit Verweis auf den Monatsbericht der Bundesbank, Abruf am 20.11.2020
- 92 Losse, Bert, Milliarden fürs Brot, 08.10.2012, https://www.wiwo.de/politik/konjunktur/inflation-milliarden-fuers-brot/7219052.html, Abruf am 20.11.2020
- 93 Immobilienpreise und Mietspiegel: Frankfurt (Oder), 30.01.2017: https://www.capital.de/immobilien-kompass/frankfurt-oder, Abruf am 20.11.2020
- 94 Rickens, Christian, Rostock schlägt München, Handelsblatt vom 20.-22.11.2020, S. 45-46
- 95 abrufbar z.B. unter https://gutezitate.com/zitat/175251
- 96 Cünnen, Andrea, Zahl der Aktienbesitzer in Deutschland um 660.000 gesunken -mit

Verweis auf Schätzungen des Deutschen Aktieninstituts, 28.02.2020: https://www.handelsblatt.com/finanzen/anlagestrategie/trends/deutsches-aktieninstitut-zahl-der-aktienbesitzer-in-deutschland-ist-um-660-000-gesunken/25593302.html, Abruf am 20.11.2020
- 97 Zschäpitz, Holger, Die 14-Jahre-Regel macht Aktienbesitzer zu den klügeren Deutschen, 06.12.2019: https://www.welt.de/finanzen/article203994068/Boerse-14-Jahre-Regel-nimmt-Aktienbesitzern-Angst-vor-Verlusten.html, mit Verweis auf die Analysen des Deutschen Aktieninstituts, Abruf am 20.11.2020
- 98 Sackmann, Christoph, Wie Schimpansen mit Dart-Pfeilen zu den besten Bankern dr Wall Street wurden, 20.02.2018: https://www.finanzen100.de/finanznachrichten/wirtschaft/wie-schimpansen-mit-dart-pfeilen-zu-den-besten-bankern-der-wall-street-wurden_H1960490147_546306/, Abruf am 20.11.2020
- 99 Eckert, Daniel, Zschäpitz, Holger, Affen machen mehr Gewinn als Investoren, 18.04.2013: https://www.welt.de/finanzen/article115382089/Affen-machen-mehr-Gewinne-als-Investoren.html, Abruf am 20.11.2020
- 100 Buhrs, Hendrik & Co-Autor, Digitale Anlagehilfe gegen Aufpreis, 10.06.2020: https://www.finanztip.de/robo-advisor/, Abruf am 20.11.2020
- 101 Gottschalck, Arne, Buffets Rat- bloß nicht nach Gewinner-Aktien suchen,
- 05.09.2014: https://www.manager-magazin.de/finanzen/artikel/anlagetipp-von-buffett-kosten-sparen-a-989938.html, Abruf am 20.11.2020
- 102 Gottschalck, Arne, Buffets Rat- bloß nicht nach Gewinner-Aktien suchen, 05.09.2014: https://www.manager-magazin.de/finanzen/artikel/anlagetipp-von-buffett-kosten-sparen-a-989938.html, Abruf am 20.11.2020
- 103 Warren Buffet verdammt Bitcoin als „Rattengift", 07.05.2018: https://www.welt.de/wirtschaft/article176144915/Kryptowaehrung-Warren-Buffett-verdammt-Bitcoin-als-Rattengift.html#:~:text=Bitcoin%20sei%20%E2%80%9Ewahrscheinlich%20Rattengift%20zum,Aktion%C3%A4rstreffens%20seiner%20Beteiligungsgesellschaft%20Berkshire%20-Hathaway., Abruf am 20.11.2020
- 104 https://www.btc-echo.de/academy/bibliothek/wer-ist-satoshi-nakamoto/, Abruf am 20.11.2020
- 105 Beutelsbacher, Stefan, Legendärer US-Ökonom bezeichnet Bitcoin als „Mutter des Betrugs", 11.10.2018: https://www.welt.de/finanzen/article181948958/US-Staroekonom-Roubini-Bitcoin-ist-die-Mutter-des-Betrugs.html, Abruf am 20.11.2020
- 106 Grenda Felix, Bitcoin Kurs Prognose von Makro Guru Raoul Pal sieht BTC bei 1.000.0000 $, 29.10.2020, https://cryptomonday.de/bitcoin-kurs-prognose-von-makro-guru-raoul-pal-sieht-btc-bei-1-000-000/, Abruf am 20.11.2020
- 107 Kranz, Alex, Über 1,7 Milliarden US-Dollar in wenigen Wochen: Institutionelle Anleger investieren vermehrt in BTC und ETH, 10.09.2020: https://kryptoszene.de/ueber-17-milliarden-us-dollar-in-wenigen-wochen-institutionelle-anleger-investieren-vermehrt-in-btc-und-eth/, Abruf am 20.11.2020
- 108 Wagenknecht, Sven, Bitcoin-Kursexplosion: Steckt mehr als nur PayPal dahinter? 20.11.2020: https://www.btc-echo.de/bitcoin-kursexplosion-steckt-mehr-als-nur-paypal-dahinter/, Abruf am 20.11.2020
- 109 Manager Magazin, So will die EU-Kommission Kryptowährungen regulieren, 24.09.2020: https://www.manager-magazin.de/finanzen/geldanlage/eu-kommission-reguliert-kryptowaehrungen-libra-bitcoin-ether-und-co-a-c341af85-b5da-4f49-886e-1cfc1e5178a3, Abruf am 20.11.2020
- 110 Klee, Christopher, Chinesische Polizei nimmt 109 Verdächtige fest, 03.08.2020: https://www.btc-echo.de/chinesische-polizei-nimmt-109-verdaechtige-fest/, Abruf am 20.11.2020

- 111 Giese, Philipp, Bitcoin-Börse Bitmarket: Besitzer tot aufgefunden, 27.07.2019: https://www.btc-echo.de/tobiasz-niemiro-von-bitcoin-boerse-bitmarket-tot-im-wald-gefunden/, Abruf am 20.11.2020
- 112 abrufbar z.B. unter: www.gratis-spruch.de/sprueche/id/26418
- 113 Corbach Joachim, Zentralbanken haben 2018 weltweit ihre Goldreserven um 75 % erhöht, 13.03.2019: https://e-fundresearch.com/newscenter/190-gam/artikel/35175-gam-experte-corbach-zentralbanken-haben-2018-weltweit-ihre-goldreserven-um-74-erhoeht, Abruf am 20.11.2020
- 114 Doll, Frank, u.a., Warum Warren Buffett plötzlich Goldminenaktien kauft, 22.08.2020: https://www.wiwo.de/my/finanzen/geldanlage/sinneswandel-beim-starinvestor-warum-warren-buffett-ploetzlich-goldminenaktien-kauft/26114428.html?ticket=ST-10592962-Bh1RJVqwVKxpQXLtrtoy-ap1, Abruf am 20.11.2020
- 115 Siehe Pressemitteilung der BaFin vom 19.10.2012, Haftstrafen wegen Marktmanipulation in Aktien der De Beira Goldfields Inc., https://www.bafin.de/SharedDocs/Veroeffentlichungen/DE/Meldung/2012/meldung_121018_de_beira.html, Abruf am 20.11.2020
- 116 Kirchner, Christian, Wie Bunker Hunt den Silbermarkt unter seine Kontrolle brachte, 26.09.2020: https://www.capital.de/wirtschaft-politik/financial-crimes-wie-bunker-hunt-den-silbermarkt-unter-seine-kontrolle-brachte/5, Abruf am 20.11.2020
- 117 abrufbar z.B. unter: https://www.aphorismen.de/zitat/131660